リスクを意識しないリスク

リスクの本質と
日本人の意識

石井　隆

はじめに

　2015年1月にテロ組織「イスラム国」に日本人2名が拘束の後殺害されるまでの経緯がインターネット上に流され、それを受けてテレビや新聞で大きく報道された。痛ましい事件であり残虐な行為に対して憤りを感じざるを得ない。この事件は、紛争問題の根深さとともに、世界で起こっている様々な出来事に対して日本と日本人が無縁ではいられないことを思い知らされた点でも重要である。

　日本と日本人が国際的テロの対象となることはつい最近まで「想定外」であったが、2013年にアルジェリアの天然ガス精製プラントで発生した人質・殺害事件で日本人が殺害され、さらに今回のイスラム国による事件で再び日本人が標的となった。同時に、我々の信じる「正義」が通用しない人達が世界に多くいることが明らかになったことも衝撃的であった。

　この事件はまた、インターネットが世界を動かしていることを認識させられた事件でもあった。イスラム国の兵士と資金はインターネットを通して世界中から供給され、事件の報道も、インターネットで最初にニュースが発信され、その中から重要と思われる事件をテレビが放送し、それに翌日新聞が解説やコメントを加える、というようにインターネットを中心とした社会に変わってしまった。

　ITとインターネットの導入は18世紀の産業革命以降最大の技術革新とも言われ、世界経済と経済社会、さらには行政サービスなどにも劇的な変化を起こしたが、同時に社会リスクを化け物のように巨大化させ、地政学リスクにも影響を及ぼすようになってしまった。そして、顔の見えない敵からのサイバー攻撃の脅威に晒され、対象は政府機関、企業を始めとしたあらゆる組織、そして個人に及ぶ。

　また、人間は豊かで便利な生活を求めて化石燃料を大量に燃やし、地球を温暖化させて自然環境と生態系に重大な影響を及ぼしている。その見返りが気候変動と異常災害の発生であり、人間の営みに牙をむき始めている。さらに、世界の人口増加も手伝って水資源の枯渇と食料危機を招き、人類の生存環境に重大な危機をもたらそうとしている。それでも人間は経済競争を続け、誰も現在の豊かで便利な生活を止めようとはしない。

一方、経済活動はバブルと崩壊を繰り返し、米国の住宅サブプライムローンの焦げ付きに端を発するリーマン・ショックは世界中に伝播した。世界経済はその後もITの進展を背景に複雑化しており、世界のどこかで重大な出来事が発生すれば問題は瞬時に世界に波及し、世界規模の経済危機に発展することが懸念される。リーマン・ショックの余波を受けたEUの経済危機は回避できる見込みではあるが、ギリシャの財政破綻がユーロ危機に発展する不安が拭いきれず、ウクライナ問題でロシアとEU及び米国との対立がエスカレートすれば、経済戦争に発展する可能性もある。

　日本の状況はどうであろうか。

　現在の日本は、1990年代初めに不動産・株バブルが崩壊してその後の「失われた20年」を経験し、今ようやくアベノミクスにより長いトンネルから抜け出そうというところまで来た。しかし、日本の財政赤字はGDPの2倍を大きく超えて危険水域に入ったままであり、さらに、日本政府と日銀は依然としてじゃんじゃんお金を刷って借金を膨らまし、国民は当たり前のように社会保障水準の維持を期待し、危機感がない。

　また、この20年間で阪神・淡路大震災と東日本大震災を経験し、命をどう守るかということについては国民の関心が高いが、経済損失と経済基盤の崩壊の可能性に対しては無頓着である。楽観主義は悪いことではないが、日本で南海トラフ地震や首都直下地震が起きた場合には多くの企業が事業継続できなくなり、政府財政及び金融システムが破綻する可能性もある。国土の強靭化の必要性が叫ばれるが、経済損失に備えることの必要性については政府も国民も見て見ぬ振りである。

　さらに、日本は、海洋権益の確保を含む国土の安全保障、エネルギー・食料の安定的確保、少子高齢化の進行という重要な課題を抱えている。日本が将来に向けて生き延びていくためには、これらの問題を解決できない場合に起こりうる悲惨な状況を正しく認識し、そうならないように必要な対処を行わなければならない。

　現在の経済社会が20世紀までと決定的に違うことは、ITの導入と発展により次々に新しい技術が開発され、それが次々と新たな技術を生み出す循環が生み出されたことである。また、グローバル経済が進展し、国際的企業間競争では必要資本の高額化とボラティリティーの（予測不能な変動）拡大傾向が顕著

であり、企業間競争は国家間競争の様相を帯びてきている。そうした状況にも対応しつつ日本の発展を期してゆくためには、現状を根底から見直し、国際的に競争的な事業環境を確保する必要がある。

　リスク・マネジメントではリスクを回避することが重要な方法の一つとされるが、グローバルな競争社会において将来への道を切り開くためには、損失の可能性を理解したうえで取り組まなければならないことが沢山ある。ただし、損失が発生してもそれが致命傷になることがあってはならない。そのためには、規制・制度を見直して国際的に競争的な市場環境を整備し、さらに政府の積極的関与、経済リスクに対する受け皿やファンドの創設など、あらゆる方策について検討すべきであろう。

　日本丸を正しい方向に導くためには、変革を行うことの眼前の問題に目を奪われることなく、不作為が招く重大な事態を正しく認識し、見直すべきは大胆に見直すということについて、多くの国民が認識を共有し、社会的機運を盛り上げて取り組みを前に進めていかなければならない。是非皆さんにも一緒に考えていただきたい。

　なお、私のこれまでの著作と同様に、本書の内容、意見、資料の採用などは全て私の責任に依るものであり、私の考えや意見は雇用主であるジェン・リーの意見を代表するものではない。

2015年7月　石井　隆

本書の目的と構成

　本書の目的は、日本社会と企業が継続的発展を図って行く上で、リスクを正しく認識して必要なリスク・マネジメントを行い、さらに損失を被る可能性を覚悟した上で取り組みを進めていく以外に日本の将来を切り開く道がないという認識を共有化することである。

　序章では、世界の政財界のリーダーが強く意識しているリスクについて紹介する。次に、第1章では、グローバル・リスクの根源的リスクとして、経済リスクと自然災害リスクを含めた環境リスクを取り上げて正しいリスク認識を図る。第2章では範囲を少し狭めて日本が直面する重大なリスクについて検討する。第3章と第4章では、企業が事業運営に際して想定すべきリスクを幾つかに分類し、BCP（事業継続計画）を始めとした対処方法を検討し、さらに日本社会と企業の甘いリスク認識について指摘を行う。

　そして、最終の第5章は、新しい時代に立ち向かう上で日本がチャレンジしていかなければならない新たな事業と課題（イマージング・イシュウ）に対して、リスクを回避するばかりでは余りにも失うものが大きいこと、リスクを取って臨んでいくことの必要性と重要性について読者の意識喚起を行う。

目 次

はじめに ……………………………………………………………… 2

序　章　グローバル・リスクの俯瞰(ふかん) ………………………… 8

第1章　最大の脅威としての経済リスクと環境リスク ………… 16
　　1．経済リスク……16
　　　（1）経済バブルの崩壊……16
　　　（2）長期間に亘る財政不均衡リスク……23
　　　（3）エネルギー・農産物価格の急激な変動……28
　　2．環境リスク……36
　　　（1）公害……37
　　　（2）気候変動……38
　　　（3）地球温暖化……44
　　　（4）巨大台風、異常気象の発生……45
　　　（5）生物の多様性への影響……46
　　　（6）巨大地震・津波、火山噴火、隕石落下……48
　　　（7）パンデミック……51

第2章　日本が直面しているリスク ……………………………… 54
　　1．三つの安全保障……56
　　　（1）国土の安全保障……56
　　　（2）エネルギーの安全保障……59
　　　（3）食料の安全保障……64
　　2．巨大自然災害と国土強靭化計画……69
　　3．人口減少と少子高齢化社会……72
　　4．規制・制度と「六重苦」……76
　　　（1）規制・制度……77
　　　（2）六重苦……79

第3章　企業の事業リスクとERM ………………………………… 94
　　1．ERMの対象リスク……96
　　2．企業リスクの分類とマネジメント……98
　　3．リスク・マネジメントの対象リスク……100
　　　（1）事業環境リスク……100
　　　（2）企業統治リスク……103

    4．クライシス・マネジメント……………108
     （1）リスクのドミノ現象……………109
     （2）リスクのクラッシュ……………111
     （3）クライシス・マネジメントの基本的アプローチ……………114
     （4）経済リスクの移転手段……………119
    5．事業中断リスク……………123
     （1）事業中断に関わる費用……………124
     （2）自然災害に起因する事業中断リスクのリスク移転の難しさ……126

第4章　日本の企業経営者の甘いリスク認識　………………………………128
    1．日本人の甘いリスク認識……………128
     （1）三つの安全保障問題への希薄な意識……………129
     （2）世界の動きを意識しないことのリスク……………134
     （3）日本の自然災害リスクに対する世界の評価……………141
    2．日本の企業経営者の甘いリスク認識……………143
     （1）地震被害想定……………143
     （2）気象災害想定……………145
    3．不完全なキャット・モデル……………148
    4．リスクを甘く見たツケ……………150
    5．安全に対する日本人の非合理的コスト意識……………157

第5章　リスクを意識しないリスク
　　　　……イマージング・リスク、ボラティリティー、そして未来 ……162
    1．代表的なイマージング・リスク…自然災害、財政破綻、国土
     ・エネルギー・食料、安全保障以外の代表的リスク……………164
     （1）クラウド・システムとビッグデータ、サイバーテロ……………164
     （2）ナノテクノロジー……………166
     （3）シェールガス、シェールオイルへの投資とリスク……………168
     （4）海洋資源開発と環境保護……………169
     （5）新興国の経済バブルの崩壊……………170
     （6）大気汚染の国際的拡散
            ……PM2.5に代表される有害物質の日本列島への飛散……………172
     （7）食と環境の安全性……遺伝子組換え作物と汚染食物……………173
    2．リスク意識しないリスク……………177

あとがき　　　………………………………………………………………182

序章
グローバル・リスクの俯瞰(ふかん)

　我々は、社会生活を送る上で常に様々なリスクに晒されている。2011年3月に発生した東日本大震災では多くの人命が奪われるとともに、甚大な経済被害が発生した。災害は日本に限らず、世界各地で大地震や巨大化した台風、ハリケーンにより大きな被害が出ている様子が度々報道されている。

　また、東西冷戦の終結後は局地的な紛争や内戦が世界の重大問題に発展している。中央アフリカ諸国、シリア、イラク、アフガニスタンを始めとしたアジア・アラブ諸国では戦乱が続き、その混乱に乗じて登場したイスラム国（IS）を名乗るテロ組織の地域支配、イランとイスラエル・米国との対立、ウクライナを巡るロシアとEU諸国・米国の対立が深刻である。アジアでも北朝鮮による軍事的挑発、中国による尖閣諸島を含む東シナ海及び南沙諸島・南シナ海への進出と日本を含む周辺国との間で緊張が高まっている。さらに、世界中で頻発するテロはより過激になってきている。

　世界には様々な国家や民族がいて、宗教、文明、文化、言語、歴史、価値観、天然資源の有無、自然環境などの事情が異なり、国家体制や法律、経済格差にもそれぞれ違いがある。こうした様々な違いも現代社会において地政学リスク、経済リスクの重要な要因となっている。

　米国の政治学者フランシス・フクヤマは、"The End of History and the Last Man"（1992年）（邦題＝『歴史の終わり』三笠書房 2005年）で国際社会は政治と経済の最終的形態である民主主義と自由主義経済に収斂(しゅうれん)し平和な社会が訪れると予測し、これに対してフクヤマの師でもある米国の政治学者サミュエル・ハンティントンは、著書 "The Clash of Civilizations and the Remaking of World Order"（1996年）（邦題＝『文明の衝突』集英社 1998年）の中で、「国家が互いにアイデンティティーを求め、幾つかの文明圏にブロック化して衝突する」と予測した。フクヤマとハンティントンの予測はそれぞれ説得力があったが、主張の前提である経済状況がグローバル化により当時と今日とでは大きく様相が異なり、それに伴って経済権益に対する意識も当時とはかけ離れたも

のになってしまった。

　特に、IT技術の目覚ましい発達と経済のグローバル化が及ぼした影響は非常に大きく、社会は1980〜1990年代には想像し得なかったスピードで急速に変化し、同時に各国間や階層間における経済格差が大きく拡大した。この急激な変化は1989年にベルリンの壁を崩壊せしめ、次いで1991年に東側の盟主ソビエト連邦を解体消滅させた。しかし、その後20年以上を経てもフクヤマの予想した民主主義・自由主義経済への収斂と平和社会は到来していない。

　一方、ハンティントンの予測した宗教と文明による対立は世界中で見られるが、根源的原因は国家間のアイデンティティーを巡る対立というよりむしろ経済的利害対立が国家間、民族間、宗教の違いによる対立を煽り、政治的対立と混乱を招いていることである。したがって、『文明の衝突』というハンティントンの予想とも対立軸の様相が異なる。確かなことは、近い将来において世界中から紛争がなくなることは想定し難く、人類は様々な深刻な地政学リスクに直面し続けるということである。

　また、人口増加と地球温暖化に伴う気候変動による食料危機、水資源危機、従来型の石油・天然ガスなどの化石燃料の枯渇と温室効果ガス削減のためのエネルギー問題の克服は、世界が直面する最重要課題である。加えて、鉄、銅、希少金属（レアメタル）などの天然資源についても、その安定的確保は企業間競争の領域を超えて国家間競争の様相を呈している。さらに、陸上資源をあらかた食いつぶしてしまった現在、極地と海洋資源開発を巡って各国間の競争と対立も激しさを増している。

　一方、シェールガス・シェールオイルなどの新たな資源の登場は、世界の経済関係地図と地政学リスクの状況を大きく塗り替えるだろう。シェールガス・シェールオイル開発、メキシコ湾とアラスカの油田開発、カナダのオイルサンドからの石油の増産によって最大の経済国である米国がエネルギー自給体制へ転換することが確実であり、米国経済の相対的優位が大幅に高まるものと考えられる。他方、中東諸国やロシアなど資源輸出に頼っている国々の経済基盤は大きく揺らぐことになる。この変化は経済に留まらず、中東地域の地政学リスクの悪化を招きかねない。新興国のエネルギー需要の大幅な増加が見込まれる中で、資源を持たない日本のエネルギー資源安定的確保は今後ますます難しくなっていくことが予想される。

国連の『世界人口白書』によれば、世界の人口は2011年10月末に70億人に達し、2050年までに90億人を突破する。世界の人口は、1900年に16億人、1950年は25億人だったので、1900年から110年間余りで地球上の人口は4.4倍になり、さらに今後40年足らずで現在の1.3倍に増えることになる。
　ところが、地球上に耕作が可能な広大な未開発地は既にない。それどころか、地球温暖化による乾燥地域の砂漠化などにより耕作地は減少し土壌は劣化が進んでいる。温暖化により寒冷地の食料増産が見込まれているが、トータルでは食料が不足することが予想されている。
　単位面積当たりの収穫量は、これまで機械化や肥料、農薬技術の発達などにより高い伸びを達成してきた。遺伝子組換え技術の導入による増産への期待はあるものの、大幅な増産が期待できる新たな技術の導入は想定されていない。遠くない将来人類は深刻な食料危機に直面することになり、食料自給率の低い日本にとっては重大な問題となる。
　地球環境に目を向けると、現時点で温室効果ガス排出量は既に地球の対応力の2倍を超えているが、各国の経済成長優先姿勢と新興国によるエネルギー需要の増大により、温暖化の進行は止めようもない。エネルギー問題はシェールガス・シェールオイルの利用でしばらく息をつけるとしても、化石燃料利用による温室効果ガス排出とそれにともなう環境問題は待ったなしの状況になっている。再生可能エネルギーへの本格的な転換が問題解決の決定打になることは明らかであるが、我々は具体的なロードマップを描けていない。
　原子力エネルギーは環境問題とエネルギー問題を同時に解決しうる期待があったが、福島第一原子力発電所の事故により安全神話は崩れ去り、原子力発電への依存度を高めることによりエネルギー問題と地球温暖化問題を同時に解決しようとした日本政府の方針は見直さざるを得なくなった。つい半世紀前には「夢のエネルギー」ともてはやされた原子力発電は現在、継続か、廃止かの岐路に立たされている。
　人類は経済発展から様々な恩恵を被ってきているが、一方では経済が健全な成長から加熱に移行して経済バブルが発生し、それが弾けて急激かつ深刻な経済危機を招くという愚かな営みを幾度となく繰り返している。大航海時代を経てアジアより一足早く金融経済が発達した欧州では、1637年のオランダの

チューリップ・バブル、18世紀初頭に相次いで起きた英国の南海泡沫事件とフランスのミシシッピ計画による経済バブルの発生とその崩壊を経験した。その後も世界中で大小様々な経済バブルと崩壊を繰り返してきた。

1929年10月24日（暗黒の木曜日）のニューヨーク証券取引所の株式の大暴落に端を発する世界恐慌、米国の住宅サブプライムローンの焦げ付きに端を発した大手投資銀行のリーマン・ブラザーズの破綻（2008年9月15日）も経済バブルの崩壊の代表的な例として挙げることができる。

日本でも戦前に世界恐慌を含めて何度もバブル経済崩壊による経済危機を経験し、1980年代の急激な不動産・株バブルは1990年代初頭にはじけ、その後の「失われた20年」は日本経済をひどく疲弊させた。日本経済の回復は、2012年末の安倍晋三首相の再登板とアベノミクス経済の導入を待たねばならなかった。

リーマン・ショックの時に見られたように、今日のグローバル化した金融経済は、実体経済の数十倍もの資金を信用取引によって移動させる複雑な仕組みになっているために、影響は世界中に飛び火する。

また、急速な経済発展を続けてきた中国やその他の新興国の経済成長には陰りが出始めており、バブル状態になっている不動産・株式市場の急激な下落が懸念される。新興国市場には世界中から巨額の資本が流れ込んでいるため、新興諸国が金融危機に陥れば世界経済にも大きな影響が及ぶことになる。

本論に入る前に、グローバルな視点からこうした代表的リスクを拾い上げ、世界ではどのようなリスクが重要視されているのかをみてみたい。

10大グローバル・リスク

「世界経済フォーラム」は、世界の政治、経済、ジャーナリズムなど各分野のトップリーダーがスイスのダボスに一堂に会する年次総会「ダボス会議」を開催している。日本からも毎年政財界のリーダーが出席しており、2014年の会議では安倍晋三総理大臣、2015年は黒田東彦日本銀行総裁、榊原定征日本経済団体連合会（経団連）会長らが出席している。また、「世界経済フォーラム」は、活動の一つとして、産業界、政界、学術界、市民社会を代表する有識者約900人を対象に、世界がどのようなリスクに晒されているのか、ということに

関して毎年詳細な調査を行っている。

最新の調査結果は『グローバル・リスク第10次報告書（2015年）』に纏められており、〈表1〉は「今後10年間に発生する可能性」と「影響の大きさ」のそれぞれの観点から10大リスクを挙げたものである。また、それぞれのリスクは経済リスク、環境リスク、地政学リスク、テクノロジー・リスクに分類されており（ ）内に記した。

〈表1：2015年10大グローバル・リスク〉

順位	発生する可能性の高いリスク	影響の大きさ
1	地域に重要な結果をもたらす国家紛争（地政学リスク）	水資源危機（社会リスク）
2	異常気象リスク（環境リスク）	感染性疾患の迅速かつ広範囲にわたる蔓延（社会リスク）
3	国家統治の失敗（地政学リスク）	大量破壊兵器（地政学リスク）
4	国家の崩壊または危機（地政学リスク）	地域に重要な結果をもたらす国家紛争（地政学リスク）
5	高失業率／不完全雇用（経済リスク）	気候変動への適応の失敗（環境リスク）
6	巨大自然災害（環境リスク）	エネルギー価格の急激な変動（経済リスク）
7	気候変動への適応の失敗（環境リスク）	重要情報インフラのダウン（テクノロジー・リスク）
8	水資源危機（社会リスク）	主要国の財政危機（経済リスク）
9	データの不正アクセス及び漏洩（テクノロジー・リスク）	高失業率／不完全雇用（経済リスク）
10	サイバー攻撃（テクノロジー・リスク）	生物多様性の喪失と生態系の崩壊（環境リスク）

出典："Global Risks 2015 Tenth Edition" World Economic Forum
注：日本語訳は筆者による

2015年の調査では、前年までの調査とは大きく異なった結果が出ている。すなわち、2014年までは2008年のリーマン・ショック以降の世界的経済危機と国家財政危機が最大のリスクとして強く意識されており、ギリシャやイタリアが財政破綻する場合のユーロ危機、日本の財政破綻危機、米国国債の信用格付けの引き下げなどの事態が発生した場合に世界経済が大混乱に陥りかねないことが最大の関心事であった。また、地球温暖化が様々な現象として現れ始め、環境リスクに高い関心が寄せられていた。

今回の調査結果では、発生の可能性において「国家紛争」「国家統治の失敗」「国

家の崩壊」が、そして影響度の大きさで「大量破壊兵器」が5位内にランクされ、地政学リスクが強く意識されているが、そこには重要な想定の変化があるものと考えられる。すなわち、2014年までは経済リスクと環境リスクが国家紛争を始めとした地政学リスクを引き起こし、それが世界の重大な問題に発展するという想定であったが、既に中東や中央アジアにおいて地域紛争が重大化したため、2015年の調査では、リスク段階が一段進んで、国家間の対立や地域の政情不安が、エネルギー問題と関連してグローバル経済に重大な危機を及ぼしかねないという想定に引き上げられたものと考えられる。

　国家間や地域紛争の解決のためには、強いリーダーシップを持った世界的組織や紛争地域にカリスマ性を持った政治家が登場して問題解決を図ることが望まれる。ところが、第二次世界大戦を引き起こしたドイツ、イタリア、日本以外は全て平和を希求する民主主義国家であることを前提とした国連にはその機能も力もなく、常任理事国の構成と拒否権、平和維持のための強制措置の内容、各国の負担金割合と運営方法を始めとした国連の問題点の改革も一向に進まない。唯一のスーパーパワーの米国にもそこまでの軍事的・経済的な圧倒的力はなく、問題解決を図る方法としては世界経済を成長軌道に戻し、経済格差問題を改善して南北問題の状況を改善するしかない。

　環境リスクについては、近年の報告書において既に抜き差しならぬ状況に至っていることが度々指摘されており、今回の報告書では「巨大自然災害」「気候変動への対応の失敗」が上位にランクされている。また、影響度の大きさで1位にランクされている「水資源危機」は社会リスクとして整理されているが、2014年の調査までは環境リスクとして整理されていた。増加する人口に対する飲料用、穀物や家畜の生産用、工業用水、シェールガス・シェールオイルの掘削などに大量な水が必要となる。2030年までに水の需要は供給量を40％上回るという予測もあり[1]、水資源問題はもはや環境リスクに止まらず社会リスクとなり、経済リスクでもある。そして、水資源の争奪が国際紛争や国家統治の失敗、国家の崩壊にも発展しかねないシステミック・リスクとなることが懸念される。

　地球温暖化は気象災害の巨大化を招く傾向があり、米国を襲ったハリケーン・

---

1. 2030 Water Resources Group, 2009

カトリーナ（2005年）やタイ洪水（2011年）はその代表的な例である。地球温暖化を食い止めるには社会生活と経済活動を根本から変える世界的大変革が必要であるが、現時点で世界的コンセンサスはなく、人類は病んだ地球環境にさらにダメージを与え続けることになる。

巨大自然災害リスクの脅威について、世界経済フォーラムの報告書とは別に、国連国際防災戦略事務局（UNISDR）とPwC（PricewaterhouseCoopers）が共同で作成した調査報告書『企業は災害リスク削減への早急な取り組みを求められている』[2]も二つの重要な警告を発している。

一つ目は、「大手の多国籍企業が世界規模でサプライチェーンとインフラ、市場への依存度を高めており、事業中断を起こしてシステミック・リスクに発展することを認識する必要があること」である。そして、二つ目は、「洪水、地震、干ばつなどの自然災害リスクが大幅に過小評価されており、企業は巨大災害の発生に備えて政府や自治体と連携して防災に努めるとともに、事業を継続して会社を守るための対策を強化しなければならないこと」である。リスクを正しく認識し、防災・減災に努めるとともに、被災した場合にも事業の継続が図れるための経済的備えが不十分であることについて、強い懸念を表明している。

社会リスクとして、「水資源危機」の他に「感染性疾患の迅速かつ広範囲にわたる蔓延」が影響の大きさの2位に挙げられている。過去の調査において「パンデミック」が上位にランクされていたが、今回は2014年にエボラ出血熱が西アフリカ諸国を中心に蔓延し、世界中で8000名を超える死者が出たことが背景にあるものと考えられる。また、今回の調査では感染力と毒性の強いウイルスの出現の可能性に加えて、世界中で進行する都市化による人口集中により感染が拡大しやすい環境が生まれていることが指摘されている。

また、近年の増加と過激化傾向を反映して「サイバー攻撃」が発生可能性の高さで10位に入った。今やインターネットは経済活動や市民の社会生活において不可欠のものとなったが、反面、ハッキングやクラッキングなどのコンピュータシステムへの攻撃は「サイバーテロ」とも呼ばれ、企業や団体を標的にするのみならず、国家の機密情報や防衛システム、自由社会と人間の尊厳をも攻撃対象とし、単に犯罪という枠を超えた新たな脅威として認識されつつあ

---

2. UNISDR and PwC "Working together to reduce disaster risk" 2013

る。攻撃を受ければ、政府・行政機関の機能・サービスの停止、社会インフラの麻痺、企業の経営情報や顧客情報の漏洩、事業中断など、社会の混乱と甚大な経済被害をもたらす。今や、サイバーテロは大量破壊兵器を使った物理的テロとの比較においても決して軽んじることのできない重大なリスクである。

　グローバル・リスクとして上位にランクされているリスクの内、日本において特に重大な問題となっているのが「財政危機」である。

　日本の財政状況について、2014年の報告書では特に日本の政府債務に言及し、「GDPの230％を超えて先進諸国の中でも突出しており、このままでは日本国債の投資家はどこかのタイミングで限界を超えたと判断することになる。その結果、信用不安を招いて日本の金融システムを崩壊させ、さらに全世界に波及して重大な衝撃を与える」として強い懸念を表明している。グローバル経済の下では、日本を含む主要国が財政破綻すれば問題は一国に止まらず、システミック・リスクとなり、必然的に主要な金融メカニズム及び機関の破綻を招き、失業率の上昇により社会不安が発生することが予想される。地域によっては地政学リスクの引き金を引くことにもなりかねない。

　世界には様々な重大なリスクがあり、将来に対する不安も実に多い。また、リスクはこれまでになく巨大化し、構成要素も複雑化している。一度リスクが暴走し始めると瞬く間にシステミック・リスクとなって巨大化する。我々は、そうしたリスクをグローバルな視点から正しく認識しなければならない。また、巨大自然災害のリスクに常に晒されている日本固有の環境、資源に乏しく食料自給率も低い日本を取り巻くリスクの特徴についても認識する必要がある。そして、そこにある企業や個人がどのように対処していくかを考えなくてはならない。

　以下本書では、我々を取り巻くリスクを実例を挙げつつ考えてゆきたい。

第1章
最大の脅威としての経済リスクと環境リスク

　序章では、世界の各分野のリーダーがどのようなリスクを意識しているのかということを紹介した。そして、それらのリスクは相互に関連していることについて述べたが、中でも経済リスクと環境リスクは、他の地政学、社会、テクノロジーのどのリスクとも関連性が強く、人類が地球上で社会生活を営んでいく上で最も根源的なリスクであると言える。すなわち、人類の歴史上の戦争、内乱、革命を含む大きな出来事の大部分は、経済もしくは自然災害を含む環境に関わる問題に何らかの根源的原因があるということである。

　本章では、グローバルな視点に日本の視点を織り交ぜながら経済リスクと環境リスクの問題の本質を探る。

1．経済リスク

　経済リスクは、経済活動を継続する限り避けられないものであるが、多くの場合、対処次第でリスクを軽減することが可能である。そのためには、経済リスクを様々な角度から分析し、リスクの正しい評価を行うとともに、企業や個人がその経済的影響を最小限に抑えるためにはどのように備えるべきか、ということについて検討し、対策を講ずることが重要である。

　また、経済リスクという言葉が意味する範囲は広く、原因、背景、現象なども様々であり、定義をすることが難しい。そこで、本書では、三つの具体的な現象（1）経済バブルの崩壊,（2）長期間にわたる財政不均衡,（3）エネルギー・農産物価格の急激な変動、に注目し、現象分析を通して概念を把握し、リスクの正しい認識と基本的な対処方法の検討を行う。

（1）経済バブルの崩壊

　経済リスクが深刻なシステミック・リスクに発展して金融システムが崩壊すれば、世界的な景気の後退を招き、さらに戦争・内乱などの地政学リスクを含む他のリスクの原因ともなりかねない。1929年10月24日のニューヨーク証

券取引所における株の大暴落（暗黒の木曜日）は、欧州や日本を始めとして世界中に波及して世界恐慌を引き起こし、第二次世界大戦の原因の一つ、少なくとも遠因になった。

経済バブルとその崩壊の歴史は長く、17世紀のオランダのチューリップ・バブル以降世界中で大小様々な経済バブルと崩壊が繰り返されている。また、失敗が繰り返される度に人類は再発の防止と迅速な対応のために様々な規制を導入してきたが、経済バブルは一向になくなる気配がない。経済バブルには飲酒に似たような面があり、人々はしばしば経済バブルに酔いその時の高揚感を楽しむ。風船を膨らませ続ければいずれ割れるように、その後バブルがはじけて重大な金融危機・経済危機を招き、大きな破裂音が脳裏に残るように暫く苦しむことになるが、それが消えるとそれまでの苦しみを忘れて同じ過ちに向かう。人類はそうした愚かな行為を繰り返している。特に、信用取引により実体経済の数十倍もの規模でグローバルな金融取引が行われる今日では、一度経済危機が発展すると世界中に波及し、さらに負の連鎖を起こして巨額の不良債権を生み出し、長期間経済が停滞する事態が発生し易くなっているが、人々はマネーゲームを止めようとはしない。

世界恐慌、日本の不動産・株バブルの崩壊、リーマン・ショックの例を振り返りながら、経済がグローバル化した今日のバブル経済崩壊リスクの特徴とその影響の大きさについて検討を行う。

i. 世界恐慌

1929年10月24日、「暗黒の木曜日（ブラック・サーズデー）」のニューヨーク証券取引所における株価の大暴落をきっかけに米国で金融恐慌が発生し、システミック・リスクとなって1930年代にはヨーロッパ諸国、日本を含むアジアなど世界中に問題が波及した。影響が及んだ範囲とその深刻度合いから、米国発の金融恐慌は「世界恐慌」あるいは「大恐慌」と呼ばれている。

当時の米国経済は、第一次世界大戦で戦場となった欧州諸国経済の疲弊をよそに、世界で圧倒的地位を占めるようになっていた。ヨーロッパ各国及び日本は米国との貿易に大きく依存しており、「暗黒の木曜日」をきっかけに信用取引の前提であった金本位制が崩壊し、銀行の連鎖的倒産を招いて金融システムが破綻したことが問題を世界中に波及させた要因であると考えられている。

ヨーロッパにおける不況の深刻化は、ドイツ経済の破綻によるところが大きい。当時のドイツは第一次世界大戦の敗戦に伴う戦勝国に対する巨額の賠償金負担によりハイパー・インフレが発生し、レンテンマルク（臨時通貨）の発行によりようやく経済が正常な状態に戻りつつあった。しかし、世界恐慌の影響により金融システムが再び破綻し、近隣の東欧諸国を含めて経済は麻痺状態に陥った。英国への影響も深刻で、英国銀行は1931年に9月11日に金本位制を停止し、英国ポンドの下落対策のためにブロック経済を導入している。日本への影響は欧州ほどではなかったものの、1923年の関東大震災と1927年の昭和金融恐慌によって経済基盤が弱体化していたところに世界恐慌の影響を受けたため、やはり深刻な経済危機に陥った。日本は1929年2月に金本位制に復帰したばかりだったが、直後に起こった世界恐慌により大量の正貨を流出させる事態となった。

　ここで重要なことは、金本位制は当時の世界経済、貿易の基盤であり、その崩壊がシステミック・リスクを引き起こして世界の主要国の多くで経済破綻を招いた大きな要因となったことである。

　すなわち、第一次世界大戦後の復興では金本位制の機能回復が重要な目標であったが、経済状況の再びの悪化に伴い、健全な経済、財政運営が難しくなった国々が次々と金本位制から離脱した。その結果、信用不安に拍車が掛かり不況は負の連鎖を起こし、米国では、1933年の国民総生産(GNP)は1929年の2／3に下落、失業率は25％に達した。また、株価は恐慌前に比べて90％下落、倒産した銀行は5000行を超え、遂に1933年2月には全銀行が業務停止に追い込まれている。ドイツでも1931年に大統領令により全銀行が閉鎖されている。

　信用取引の前提であった金本位制が崩れて金融システムの破綻が世界恐慌を招いたことの反省から、米国では金融事業秩序の回復のために1933年にグラス・スティーガル法を導入し、商業銀行業務と投資銀行業務の分離や連邦預金保険公社の設立を規定するなどの改革が行われた。その後も大小様々な経済バブルが発生と崩壊を繰り返し、1987年の「ブラック・マンデー（暗黒の月曜日）」はニューヨーク株式市場のダウ30種平均株価の下落率が「暗黒の木曜日」を上回り経済危機の発生が危ぶまれたが、連邦準備制度理事会(FRB)議長就任早々のアラン・グリーンスパンの手腕で危機を回避している。

ところがその後、国際的金融競争が激化する中で、グラス・スティーガル法が米国金融機関の国際的競争力を削いでいるとして、同法は1999年11月にグラム・リーチ・ブライリー法により廃止された。グラス・スティーガル法廃止の影響は大きく、その後のリーマン・ショックにつながる無秩序な金融経済を助長したとされる。

ii. 日本の不動産・株バブル経済と崩壊

日本経済は、1980年代に入って日米間の貿易収支と資本収支の不均衡（ドル高・円安、日本の対米貿易収支黒字・対米資本収支赤字）が大幅に拡大し、それを是正すべく1985年9月22日にプラザ合意が形成され、以降急激な円高が進行し、それが引き金になって日本経済はバブル景気へと突き進む。

為替レートは、プラザ合意前には1ドル＝240円前後であったが2年後の1987年末には120円程度にまで高騰し、日本政府及び日本銀行は、急激な円高により大きな打撃を被る輸出産業を救済するために低金利政策を柱とする大幅な金融緩和を実施した。その結果、資金の流動性が過剰に高まり、公共事業の拡大、住宅・都市再開発事業の促進、内需拡大などの政府の総合経済対策と相まって不動産や株式への投資に向かい、「資産価格の急激な上昇」「信用レバレッジの拡大」「経済活動の過熱」を招いた。

日本のバブル経済と世界恐慌との根本的な違いは、バブル経済を招いた投機マネーが何処から生じたものであるかである。すなわち、世界恐慌前夜の米国経済には、第一次世界大戦後で戦場となった欧州の工業生産力が低下したために、欧州に代わって世界経済の主役に躍り出た米国に世界中から資金が流れ込んでバブル景気になっていたのに対して、日本の経済バブルは日本国内に生じた余剰資金が引き起こしたバブルであるということだ。

当時の日本は、米国を始めとした国々との貿易により毎年10兆円を超える黒字を出し、200兆円以上の対外資産を有し、それらの資金が日本の不動産や株式市場に流れ込んでインフレを引き起こしていた。日本の経済バブルは、世界第1位と第2位の経済圏であった日米間の経済と貿易収支の不均衡を政治判断により調整する局面で、経常黒字による日本の国内資金により資産価格インフレを起こし、それが過剰に膨らんだ結果であり、海外資本の関与が限定的であったことが特徴的である。

iii. リーマン・ショック

2007年に米国の一般住宅向けのサブプライムローンの焦げ付きが表面化し、住宅バブルがはじけると様々な資産価格の暴落が始まった。巨額の損失を被った大手投資銀行のリーマン・ブラザーズが2008年9月15日に連邦破産法第11条の適用を連邦裁判所に申請して倒産、翌日には米国最大の保険会社AIGの経営危機が明らかになり信用不安は連鎖的に増大して世界的経済危機に発展した。リーマン・ショックの根源的問題は、世界の金融取引が信用取引の発展により無秩序に巨大化・複雑化していたため、信用不安の拡大連鎖を誰にも止めることができない状態に陥っていたことによる。

米国の住宅ローンは、住宅購入者ではなく「家」に対して貸し出されるノンリコースローンが一般的であるが、ノンリコースローンの場合、景気の後退などにより住宅の資産価値がローン残高を下回れば借り手はローンの返済意欲を失い、簡単に投げ出してしまう傾向が強い。もう一つの重要な特徴は、ローンが証券化され、切り刻まれて他の証券と一緒に金融商品の中に組み込まれ、米国内外の金融機関、投資家に広く売りさばかれていたことである。そして、証券化されて細かく切り刻まれた住宅サブプライムローンがCDS（クレジット・デフォルト・スワップ）などの金融商品に入れられてしまったために、投資家はリスクのデフォルト確率と潜在的損失額を正しく把握できないままに信用格付機関の格付けを頼りに投資を行っていた。

そのため、住宅サブプライムローンの焦げ付きによるCDSのデフォルトが発生し始めると、銀行間の取引においても信用不安が生じ、それが金融システムの崩壊と経済活動の急速な低下を招くこととなった。また、米国の金融商品は広く海外の金融資本に売られていたために、影響は世界中に及んだ。

iv. 経済のグローバル化と経済バブル

経済のグローバル化、信用取引の拡大と自由度の高い金融市場の利用拡大に伴い、経済リスクの影響の及ぶ範囲とその大きさは格段に大きくなっている。また、金融工学の発達により金融商品の構成が高度に複雑化したために、一度問題が発生した場合にシステミック・リスクに発展する可能性が高まっている。経済のグローバル化の視点からその問題点について考えてみたい。

世界恐慌により信用取引の問題点が強く意識されるようになったにもかかわらず、1960年代には英国銀行が後押しした架空市場とも言えるユーロ市場とユーロダラーが登場した。カリブ海の英国領の島嶼を中心に、各国の法規制には縛られずかつ税率の低い場所、あるいはタックスヘイブン（租税回避地）にオフショア金融市場が構築された。また、スイスは低税率に加えて銀行の守秘義務を盾に各国の金融規制を回避する場所であり、ルクセンブルクやオランダ、アイルランドなどもスイスと同様の機能を有し、オフショア企業を誘致している。

　こうした規制の緩やかな金融市場で金融機関やヘッジファンドなどが競ってマネーゲームを展開した結果、彼らはバランスシートを拡大し、実体経済とはかけ離れた架空のマネーで取引を行うようになった。国際通貨基金 (IMF) の調査 (2010年) では、「2007年時点の島嶼部の金融センターだけで、バランスシートの合計額は控え目に見ても18兆ドルに達し、これは世界の総生産の約1／3に相当する」と推定しており[3]、現在、その額はさらに拡大しているものと考えられる。

　米国の住宅サブプライムローンの焦げ付き問題が、不透明で複雑な金融取引の中でデフォルトの連鎖を生んで世界的な経済危機に発展したため、金融機関のレバレッジ比率や金融商品の透明性の向上について経済協力開発機構 (OECD) 及び各国において様々な規制ルールが検討・導入されている。しかし、カリブ海に浮かぶオフショア金融市場の多くがOECDの主要構成国である英国の領土であり、英国は他にも欧州企業をターゲットにしたジャージー、ガーンジー、マン島などにオフショア市場を置いている。欧州においてはスイス、ルクセンブルクなどの国家経済はオフショア金融市場からの収入によって成り立っており、英国を始めとしたこれらの国々が規制に積極的に乗り出すことは期待できない。さらに、市場には日々新たな金融商品が出てきており、規制は後手に回り、かつ全世界の統一的ルールの導入は現実的には難しく、今後も経済バブルの発生と崩壊は繰り返される。

　資本は利益の極大化に有利な場所を求めて移動する。そして、いつの世にもリスクが高くても高いリターンを求める「ハイリスク・ハイリターン」型の金

---

[3] IMF Working Paper WP/10/38 "Cross-Border Investment in Small international Financial Centers" Philip R. Lane and Gian Maria Milesi-Ferretti

融資本は存在し、そうした資本は許容される最大限のレバレッジをかけての金融取引を行う傾向が強い。したがって、将来再びリーマン・ショックと同様の危機が発生する可能性は常にある。

一方、日本のバブル経済崩壊に伴う不良債権問題は崩壊時から数年に亘って拡大していったが、その要因は当初の不良債権金額の正確な把握に手間取ったことと、その後の対応の遅れが新たな不良債権を生んだことであり、不透明性という点については米国の問題と本質を異にする。日本のバブル経済の崩壊は、不透明性の問題ではなく余剰資金が資産価格インフレを引き起こした結果であり、経済危機の規模としては世界的規模であったもののその影響は一国に止まる非常に特殊な例であったといえる。

現在の日本の経済構造はバブル経済の頃とは様相を大きく異にしており、日本と世界の経済は相互に大きな影響を及ぼし合っている。すなわち、それまでの日本経済の海外市場との関わりは、業績好調な日本企業による米国企業の買収やニューヨークの一等地の不動産を購入した一部の例外はあったものの、基本的には日本企業が一次産品を輸入し、製品を輸出するという関係に留まっていた。しかし、バブル経済崩壊以降はアジア諸国を中心にした投資、工場移転が盛んに行われるようになった。したがって、今後日本経済が大きく後退する事態が発生すれば、世界経済に及ぼす影響は1990年代初頭のバブル経済崩壊の時より遥かに大きくなることは容易に想像できる。

少し話が難しくなったが、ここまでの話は次のように纏められる。

リーマン・ショック以降信用取引に関するレバレッジ規制が各国で行われているが、既に実体経済の数十倍規模に膨れ上がっている金融経済のリスクの脅威は本質的に変わりない。さらに、規制は問題点が顕著になってから検討されるので、新たな金融商品の登場や市場メカニズムの導入・変更に対して万能ではない。また、グローバル経済の進展により社会は様々な恩恵を受けるが、同時にシステミック・リスクの発生確率はこれまでより大幅に高くなる。ところが、経済が復調局面に入ると人は「喉元過ぎれば熱さを忘れる」の如く、過去の強い痛みも忘れ、むしろ過去の損失を取り戻すためにリスクを忘れて突っ走る傾向がある。

大規模な金融システミック・リスクを回避するためのグローバルな枠組みと、各国、各企業において資産運用の透明性を確保するための工夫と努力が必要と

なるが、国際的規制ルールの導入は難しい。したがって、各国、各企業は、経済リスクを正しく認識し、資本の確保とリスクヘッジにより事前の備えを拡充していく必要がある。

(2) 長期間に亘る財政不均衡リスク

〈グラフ1〉はG7諸国の累計債務残高をGDPに対する割合として算出してグラフにしたものである。1990年代半ばまでに既に経済状況が悪化していた日本とイタリアの残高率は、グラフの起点である1999年には既に100%を超えている。日本は、その後も続く「失われた20年」とデフレ、リーマン・ショック以降の世界的経済危機、増大する社会保障費用に歯止めを掛けられなかったため財政状況は悪化の一途を辿り、2014年の残高率は230%を超え、突出度を増している。一方、2011年まで残高率を100%以内に保ってきた米国、英国、フランスもリーマン・ショック以降の経済の低迷により100%を超えている。

〈グラフ1. 債務残高の国際比較（対GDP比）〉

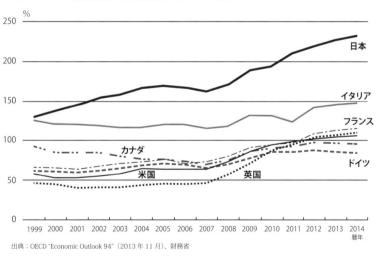

出典：OECD "Economic Outlook 94"（2013年11月）、財務省

財政不均衡問題は、経済に二つの重大な影響を及ぼす。一つ目は、財政不均衡が限界点を超えて国債の償還に問題を生じさせる場合、国債を購入している金融機関を始めとした国内外の投資家、国民の財産を損ない、金融システム全

体の崩壊を招きかねないことである。特に、経済規模の大きな国の国債がデフォルトを起こした場合、影響は世界経済全体に及ぶことになる。二つ目は、長期間に亘って財政不均衡状態が続く状態において、国債の信用不安により投資や資本移動が落ち込み、経済全体の停滞を招く負の連鎖に陥りかねないことである。しかしながら、欧州連合(EU)及び米国と日本との間では財政悪化の原因と状況が異なっており、リスクの対処方法も自ずと異なってくる。

i. EU及び米国の財政不均衡問題

ポルトガル、イタリア、アイルランド、ギリシャ、スペインの5カ国は国家財政危機に瀕し、国の頭文字を取ってPIIGSと不名誉な呼び方で総称されている。その一角を占めるギリシャの財政は危機的な状況にあり、他にもキプロスが財政破綻危機にある。加えて、経済規模の大きなイタリアやスペインの状況が悪化する場合には統一通貨ユーロの信用不安とEU経済圏の存続問題にも発展しかねない。PIIGS及びキプロスの累計債務残高率はGDPの100%を超えており、ユーロを支える二大国(ドイツ、フランス)の内ドイツは好調な経済を維持しているものの、もう一方のフランスの債務は既に100%を超えている。ポンドを維持している英国も債務残高が100%を超えており、問題解決は容易ではない。

EU経済圏は、1958年1月1日に発効したローマ条約を経て1993年11月1日に発効したマーストリヒト条約によりEU域内の関税の相互撤廃を柱として創設され、1999年1月1日より共通通貨ユーロが英国、デンマークなどの一部の国を除く加盟国に導入された。これにより米国を凌ぐ巨大経済圏を形成し、ユーロはドルに次ぐ国債基軸通貨となるなどの大きなメリットを享受してきた。また、ユーロ導入には、単年度の国債発行額についてGDPの3%を上限とすること、累積債務残高の上限を60%とすることが求められ、安定的運営が担保されていると考えられていたが、リーマン・ショックにより隠れていた過剰融資と過剰投資の問題が相次いで顕在化した。PIIGS、キプロス、アイスランド(EU非加盟)などの国々が、信用取引により自国の経済力を遥かに超えるリスクを負っていたのである。そのため、国家のバランスシートは自国の金融政策と財政政策では調整不可能なまでに悪化し、IMFや諸外国に救済を求めざるを得ない事態となった。

国家財政の破綻回避方法として「通貨の切下げ」があるが、統一通貨ユーロを使っているために通貨の切下げを行うことができない。そのため、不良債権が膨らみ続けても決め手になる解決策はなく、歳出の大幅カットと増税により収支改善を図るしかない。

　一方、これらの国々の混乱はEUとユーロの信用問題ともなることから、経済規模が大きく強いドイツやフランスなどが支援を行っているが、それらの国々においても自国経済の状況が厳しさを増す中、分不相応な社会保障と公共サービスを続ける国と国民に対して、納税者である自国民の犠牲と反発を押し切って大きな支援を継続することには限界がある。

　ギリシャ問題はあるものの欧州全体の経済は回復基調にあり、EUの危機的な状況はひとまず回避されたようである。しかし、何か新たな問題が発生すれば再び状況が悪化する危険性があり、混乱の完全収拾までにはさらに長い年月を要する。

　国家財政は世界最大の経済国である米国においても重大な懸念がある。米国の財政赤字も既にGDPの100％を超え、財政負担を拡大する場合には議会承認を必要とする状況が発生しており、議会が承認しない場合には米国債のデフォルトを招き信用格付けの低下と、それに伴う様々な問題が発生する。米国の状況は、GDPに対する割合の指標では日本ほど差し迫った状況ではないが、オバマ政権の社会福祉政策（オバマケア）関連支出が増加していることから、財政不均衡問題はさらに尾を引くことになる。

　いずれにしても、2008年秋のリーマン・ショック以降の経済危機が米国のバランスシートに及ぼした影響は、世界最大の経済力を有する米国にとっても短期間に調整できる問題ではない。なお、2011年8月5日にS&P社が米国国債の信用格付を最高ランクから一段引下げている。現時点では、さらなる引下げの可能性は低いものと考えられるが、もし引下げられる場合には世界の基軸通貨ドルの信用問題につながり、世界の金融取引および経済活動全体に重大な影響が及ぶことになる。

ii.　日本の財政不均衡問題

　日本の財政状況はG7の中でも特に深刻で、債務残高は1000兆円を超え、GDP対比では230％を超えて群を抜いて高い。ただし、日本の財政問題の原因

は、EUや米国のようなバランスシート調整の問題ではなく、10年以上も続くデフレと、少子高齢化社会の到来を背景として年々増大する年金、介護などの社会保障費負担によるものである。日本は1990年代初頭のバブル経済破綻のバランスシート調整問題については、てこずりながらも2000年代初頭にはあらかた処理が終了しており、根本的問題の所在がEU及び米国とは異なっている。

また、そうした問題に加えて、2000年代末頃からの政治の混乱と不作為、民主党政権下でのバラマキ政策が追い打ちをかけて財政不均衡が極度に膨らんでしまった。一方、国民の金融資産はGDPの3倍の1694兆円（2014年12月末）もありEUや米国とは状況が異なる。現在の状況は、アベノミクス効果や為替相場、原油価格が日本に有利に動いていることから企業業績が幾分改善されてはいるものの消費の大幅な拡大にはつながらず、税収も思うほどには伸びていない。

日本の財政の不健全な状況については、IMFを始めとした国際的経済機関や世界経済フォーラムなどからの早期改善要請もあり、政府はようやく重い腰を上げて消費税を2014年4月より8％へ引き上げ、2017年4月には10％への再引上げを予定している。財政規律回復の成否は既に後がない状況に差し掛かっているが、一方では増税など国民負担の増加は経済活動の停滞を招きかねないという難しい問題があり、消費税の再引き上げの時期を当初設定の2015年10月から1年半先延ばしにした。また、日本企業の国際的競争力低下の重要な要因の一つとされる高い法人税率については引下げざるを得ず、消費税率引き上げに伴う経済への影響を考慮しつつ引下げられる見込みである。

根本的問題解決のためには、高度経済成長期に永続的高度成長と当時の出生率を前提に設計された社会保障制度を見直し、支出の増大に歯止めを掛け、さらに抑制するしかない。しかしながら、消費税増税と社会保障費の大胆な見直しを行うとしても、それだけでは累積した巨額の財政赤字を解消することはできない。

そこで、経済成長の達成とデフレから脱却して一定率のインフレにより過去の負債の相対的重みを減じる必要があり、アベノミクスはこうした方法「リフレ」により負債を減らそうとするものである。アベノミクスについては長期金利が上がって国債の利子負担がきつくなる、あるいはインフレが暴走した場合

にそれを制御できなくなるとする指摘・批判もあるが、もはや日本には歳入の拡大と歳出の大幅カット、法人税減税による企業経営支援と経済効果、一定のインフレ誘導による負債の相対的割合の軽減を同時に進めるしか残された選択肢はない。

　2012年末の第2次安倍政権誕生後、政府はアベノミクスの「3本の矢」として、「大胆な金融政策」「機動的な財政政策」「民間投資を喚起する成長戦略」という政策を掲げ、インフレ・ターゲットを2％として具体的な取り組みを進めており、目論見通りに行けば日本の財政不均衡問題は次第に軽減されるはずである。その成否は、手法の妥当性と既得権益に切り込んだ大胆な規制緩和が行われるかどうかにかかっている。

iii. 財政不均衡問題解決の難しさ

　財政不均衡が長期間にわたる理由には様々な要因があり、また各国により事情は異なるため、問題の解決方法も自ずと異なることを説明したが、問題解決の方法について欧州や米国、日本などの先進諸国について共通して言えることは、これまでのような大幅な成長を前提とした解決策はないということである。タイラー・コーエンは、著書『大停滞』[4] の中で、「地球上から容易に収穫できる資源が枯渇し始め、今後食料や工業製品などの大幅な生産力の増大が見込めなくなってきている。これまでの経験に基づいた解決策では十分な効果は見込めない」ことを説明している。

　もちろん、ITのさらなる進展やシェールガス・シェールオイルの開発・利用により成長が見込める分野はあるが、18世紀の産業革命から20世紀にかけて経験した物質的豊かさの向上を伴った成長は望めない。無限の発展が約束された新大陸の開発、海上輸送の大型化とパナマ運河、スエズ運河の完成、戦後のモータリゼーションや家電製品の普及、ジャンボ旅客機を始めとした大型かつ高速の交通・輸送手段の発達により物質的豊かさが追求できた時代は既に終焉した。これからは、高齢化により増大し続ける社会保障費支出に税収の伸びが追いつかなくなる。

　経済状況の急速な好転と大きな伸長が期待できない中では、財政不均衡問題

---

4 『大停滞』タイラー・コーエン著、若田部昌澄解説、池村千秋訳、2011年 NTT出版

の健全性の回復は容易なことではない。社会保障制度全般の見直しと支出の削減、消費税増税による財政収入の拡大が基本的政策となるが、消費税増税による消費の冷え込みや経済活性化のための法人税減税が税収に与える影響の予測は難しく、地方交付税交付金の取り扱いなど政治的問題もある。さらに、日本の将来のための文教・科学振興、公共事業、隣国との領土問題で緊張が高まる中でこれまで押さえ込まれてきた防衛費、海上保安費など、厳しい状況下においても予算額の維持・増額を図らなければならない支出項目もある。それだけに、一度財政不均衡問題が発生するとそこから抜け出すことは容易ではない。

また、インフレ誘導により長期金利が上昇すれば返済利息の増大により国庫負担も大きくなる（財政負担を相対的に減じるためにはリフレによりGDPを嵩上げすることが有効であることは前述の通りであるが、長期金利の上昇はインフレによる負の影響がリフレ効果を上回る場合のリスクとなる）。さらに、高齢化社会が進展し、労働人口の減少が続く中では改善に時間がかかれば負の連鎖が発生し、財政不均衡の是正は一層難しくなる。

財政問題改善に不可欠な経済成長を外需に求める考えがあり、確かに外需が大きく伸びれば内需の停滞による問題を補完することができる。しかしながら、リーマン・ショック以降も高い経済成長率を誇ってきた新興諸国の経済成長にも陰りが見え始めている。米国でも、FRBが景気刺激のために行ってきた金融緩和策が景気回復の状況を見ながら徐々に引き締められている。それに伴って新興国に流れていたファンドが逆流することが予想される。そうなれば、新興国経済の成長はさらに鈍化するだろう。

また、日本特有の問題として、中国と韓国は貿易取引量（2013年）が第1位、第3位と非常に重要な相手国であるが、このところ、日本からの投資と貿易量が急速に冷え込んでいる。関係改善の兆しはあるものの、企業は政治的リスクについて慎重にならざるを得ない。日本政府は、TPPへの加入により貿易量の拡大を図ろうとしているが、国家間の利害に直結した問題であり、日本の思惑通りに行くことは考え難く、外需の大幅な伸長に期待して財政不均衡を建て直すことも容易ではない。

(3) エネルギー・農産物価格の急激な変動

エネルギーと食料の安定的供給とは、人々が生活していく上で最も基本的問

題である。しかしながら、世界では化石エネルギー資源の枯渇と新興国のエネルギー需要の増大により価格の上昇が予想されている。加えて、気候変動と耕作地の減少の影響により農産物価格も上昇傾向にある。農産物価格も今後も続く人口増加と新興国の生活水準の向上により、中・長期的にはエネルギー価格と同様に上昇が続くことが予想されている。

i. エネルギー価格

エネルギー価格は、経済状況、為替、採掘可能な資源量の状況、産出量、資源産出国の地政学リスクの状況によって大きく左右される。最重要エネルギー資源とされる石油は、これまでに幾度となく経済的混乱を招く原因になっており、その度に供給量と価格変動を安定させるための協議が行われている。産油国の多くが加盟する石油輸出国機構（OPEC）は、石油の需要供給バランス見込みに基づいて産出量を調整することにより石油価格の安定を図っているが、経済情勢が急激に変化する局面や地政学リスクが顕在化した場合にはその機能が働かなくなることがある。特に、巨大産油国が集中するペルシャ湾岸は政治的に不安定であり、ペルシャ湾や石油パイプラインに支障が生ずる事態が発生、あるいはそのリスクが高まればその都度石油価格は大きく変動する。

また、エネルギー価格が上昇すれば、工業製品、輸送費用、農業生産物価格など、経済・社会全般に大きな影響が出る。

「エネルギー危機」という言葉をよく耳にするが、新しい言葉ではない。日本が第二次世界大戦に突き進んでいった要因の一つはインドシナの石油資源の確保であり、当時石油の輸出国であった米国においても既に将来の石油資源枯渇危機が叫ばれていた。しかし、戦後、中東やロシア、アラスカ、北海などで新たに大規模油田が開発され、深い海底から石油を掘削する技術やオイルサンドの精製技術の発達により枯渇のタイムリミットは何度となく延長されてきた。今後もメキシコ湾やアラスカの石油増産が見込まれているが、従来型の石油や天然ガスの採掘量は近い将来ピークを迎え、安価で安定的な石油の供給は次第に難しくなってゆくと考えられている。

一方で石炭資源は、米国、ロシア、中国、オーストラリア、インドなどに豊富に埋蔵されており、火力発電などのエネルギー源として用いられている。しかしながら、温室効果ガスや大気汚染物質の排出量が多く、利用を大幅に拡大

する動きはない。

　2050年には世界の人口が90億人を突破すると予測されているが、人口が増えればそれだけ多くのエネルギーを必要とする。人口増加は1人当たりのエネルギー消費量が比較的少ない途上国が中心であるという指摘もあるが、新興国の資源消費の伸びは凄まじく、中国のエネルギー消費量は既に米国を上回って世界全体の四分の一を超え、インドの消費量も既に日本を上回っている。他の新興国においても人口増加と生活水準の上昇に伴いエネルギー消費量は増大するので、将来エネルギーを潤沢に確保できるのは特定の国、地域のみとなる。したがって、短期間に再生可能エネルギーの生産が急速に伸びない限り石油を中心にエネルギー資源価格は上昇することになる。

　従来型の石油の代替・補完として期待されるシェールオイルは北米大陸に大量に埋蔵され、今後採掘コストが引き下げられて石油資源との価格差が縮まれば、世界のエネルギー問題、さらには世界経済の力関係、地政学リスクの状況は一変する。特に、エネルギーの大量輸入国である米国が自給体制を確立することの影響は大きく、エネルギー価格安定への寄与が期待される。その反面、米国にとっての中東地域の重要性が低下すれば、地政学リスクは高まることが懸念される。すなわち、警察的役割を担ってきた米国の軍事プレゼンスが中東地域で縮小することにより、中東諸国からの資源輸入を続けざるを得ない国は、資源確保とその輸送に、より多くのコストを費やさなければならなくなる。

　天然ガスについては、シェールガスの採掘技術の向上により商業ベースでの掘削に目途が付けられたため、資源枯渇危機と大幅な価格上昇の事態は当面回避できそうである。また、旧来の天然ガスの供給国である中東諸国やロシアではなく、米国、カナダ、メキシコ、中国、オーストラリアなどに多く埋蔵されているため、供給リスクを分散できる。

　エネルギーの最大消費国、中国は産油国であるが自国の産出量で需要を賄うことはできない。しかし、シェールガスの埋蔵量は豊富であると推定されている。ただし、大量の資源が確認されている四川省の頁岩層は地下3000m〜4000mにあり、地下1000m〜3500mにある米国の頁岩層に比べ条件が厳しい。また、採掘に必要な大量の水も不足しているため、より高度な施設、大規模な水路や産出したシェールガスを効率よく運搬するためのガス・パイプラインの敷設と維持により多くの費用を要する。経済的コストでの産出が可能に

なるまでには一層の技術向上を待たざるを得ず、中国が天然ガスの自給国に転ずるには暫く時を要する。

日本は、否応なしに資源確保競争の渦中に巻き込まれて行くことになる。ただし、日本近海の海底に埋蔵されているメタンハイドレートの採掘技術が今後劇的に向上すれば、日本を取り巻くエネルギー事情は大きく変わることが考えられる。

話しは前後するが、北米大陸は油で浮かんでいると表現されることがある。シェールオイルの埋蔵量は原油の数倍あり、その６割以上が米国にあると推定されている。今後の技術開発により採掘コストの引下げと安定供給が可能になれば、シェールガス以上に経済的パワーバランスと、中東とロシアに依存するエネルギー供給の構図に大きな変化をもたらすことになる。現時点では原油に比べてコスト高であるが、価格差は縮まりつつある。シェールオイルは今後、商業ベースでの産出が大幅に拡大していくことが見込まれており、米国経済において、その重要性は大幅に高まっていくことが予想される。

原子力エネルギーは、石油や石炭、天然ガスなどの化石燃料の資源量の減少と温室効果ガスを排出しないエネルギーとして利用拡大が世界中で検討されていた。ところが、原子力発電の安全神話を瓦解させた2011年3月11日の東京電力福島第一原子力発電所の事故により、利用促進には事故を起こした日本だけでなく世界的にブレーキが掛けられている。先進諸国の中ではドイツが福島第一原子力発電所事故以前から脱原発の方針を明確に打ち出しているが、原子力発電の危険性と数千年に及ぶ使用済み核燃料の保管の難しさについて問題意識が高まれば、新たな原発建設は地域住民の理解を得られなくなるだろう。新興国を中心に原発建設は引き続き進められているものの、福島第一原子力発電所事故以前に作られた将来のエネルギー供給の青写真は見直さざるを得ない。

地球温暖化対策として再生可能エネルギーへの転換を急がなければならないが、転換はなかなか進んでいない。

再生エネルギーの比重を高める上でのネックは、原子力や火力のような大規模発電ができないためエネルギー価格が高額になることだ。また、太陽光や風力発電などは発電量が天候に大きく左右されるためベース電源として適さない。日本は火山国であり、地熱発電はベース電源として有力なエネルギーであ

ると考えられるが、発電に適した場所の多くが国立公園内や温泉地と競合する場所にあるため、開発は容易ではない。さらに、発電所が消費地から遠くなるという問題もあり、電力の供給と使用量を最適化する効率的送電システム（スマートグリッド）の建設や蓄電など、多くの課題を解決する必要がある。

再生可能エネルギーの開発と利用がエネルギー供給問題を劇的に改善するまでは、天然資源を持たない日本にとってエネルギー価格問題は経済のアキレス腱であり続ける。それだけに、再生可能エネルギーの開発には国家の喫緊の課題として全力を挙げて取り組む必要がある。

ii. 農産物価格

農産物もエネルギーと同様に、あるいはそれ以上に急激な価格上昇が懸念されており、大きな経済混乱や社会問題を招きかねない問題である。2007年から2008年の世界的干ばつでは穀物生産量の減少に加えて、燃料価格の上昇、農産品のバイオ燃料への転換などにより供給量が大幅に減少した結果、世界中で農産物価格が急激に上昇し、貧しい国や発展途上国では深刻な政情不安と経済不安が起こった。

農産物の生産には幾つか重要な要素がある。耕作地及び規模、水資源、気候、燃料（エネルギー）、肥料（製造のためのエネルギーを含む）、労働力などである。農産物価格の決定は、エネルギー価格に大きく影響される他、世界の人口増加とその年の生産量と需要・供給関係、食糧備蓄量、金融投機によっても大きく左右される。また、穀物価格が上昇すれば、穀物を飼料としている肉類や乳製品の価格はそれ以上に上昇することになる。

問題は深刻であるが、大規模な未開の耕作可能地域はもはや地球上には残されていない。また、気候変動、耕作地の産業・住宅用地への転換、乾燥化による耕作地の減少（オーストラリア、中央アジアなど）、海水面の上昇による農地の減少（インド、バングラデシュなど）、農地及び水源地の汚染（中国、インドなど）、収益性の高いバイオ燃料生産への切り替え（米国、ブラジルなど）により、世界の耕作面積の減少が進むことが予想されている。

地球温暖化により寒冷地の穀物生産量の増加が見込まれるが、減少分と増加する必要量を補うほどの増加は期待できない。国連食糧農業機関(FAO)は、

「2030年頃までには主に気候変動の要因から世界各地で食糧生産の変動と減少傾向が顕著に表れる可能性が高い」と予想している[5]。さらに、最大の農業生産国である米国中部の穀倉地帯は水源を地下水（オガララ帯水層）に頼っているが、くみ上げる水の量が涵養を大幅に上回っているために枯渇する井戸が出始めている。

人口増加の問題は今に始まった問題ではない。18世紀に英国から始まった産業革命以降人口は急激に増加したが、輪作と囲い込みによる農業革命により穀物生産量が大幅に増加し、郊外から食糧を輸送するための鉄道の発達がそれを支えた。さらに、南北アメリカ大陸、オーストラリア、中央アジアなどに巨大な耕作地が生み出され、機械化と化学肥料、農薬の開発などの農業技術の発達により大幅増産を成し遂げてきた。また、穀物生産の増大により家畜の大量生産も可能になった。

地球が永続的に支えられる人口はどれ程かということがよく問題になる。〈グラフ2〉及び〈グラフ3〉は、農林水産省が2050年の食糧需給見込みについて行った分析から抜き出したものであるが、2000年から2050年にかけて人口が60.2億人から92.4億人へと1.9倍に増えるのを賄うために、食料は1.6倍に増産する必要があるとしている[6]。

耕作地の拡大が見込めない以上単位面積当たりの収量を増やすしかない。また、機械化や肥料の改良による収量の大幅な拡大も見込めない中で、切り札とされるのが遺伝子組換え作物であるが、これも人口増に見合う生産量の拡大は見込めない。加えて、遺伝子組換え作物には安全性が不安視されているものがあり、消費者の反発もある。

したがって、近い将来、総人口は地球が支えられる限界点を超えることになる。

なお、1.6倍への増産は単純に需給関係の予測から導き出された数値であり、8.7億人とも推定される飢餓に苦しむ人々の問題[7]を解決するための増産は含まれていない。

---

5 FAO『世界農業予測：2015年－2030年』
6 農林水産省「2050年における世界の食料需給見通しについて」
7 『世界の食料不安の現状2012（SOFI）』国連食糧農業機関（FAO）、国債農業開発基金（IFAD）、世界食糧計画（WEF）

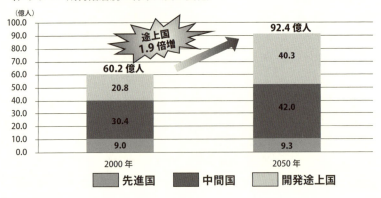

資料：農林水産省

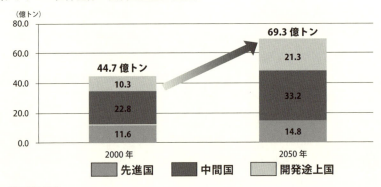

資料：農林水産省

　〈表2〉は、農林水産省が纏めた地球温暖化が農業生産に与える影響に関わる分析資料から主要ポイントを抽出したものであるが、寒冷地の北ヨーロッパと北アメリカにおいて温暖化による穀物生産の増産とラテンアメリカの大豆の増産が見込まれているが、それ以外の地域では総じて厳しい予測である。

〈表2. 地球温暖化の農業生産量への影響〉

ヨーロッパ　＊2
- 北ヨーロッパの農産物生産量は気候変化により増加するが、変化継続すると悪影響が便益を上回る。
- 南ヨーロッパの一部で、高温と干ばつが悪化し、農産物生産が減少。

アフリカ
- 2020年までに7500万人〜2億5000万人に水ストレス。＊2
- 気温が4℃上昇で農業生産が15%〜35%減少。＊3

アジア　＊2
- 2050年までに10億人以上に水不足の悪影響。
- 21世紀半ばまでに穀物生産量は東・東南アジアで最大20%増加。中央・南アジアで最大30%減少。

インド　＊1
- 1mの海面上昇で約6000km²が浸水し、農地が失われたり塩類化が起こる。
- 深刻な水不足により、小麦や米の生産性が悪化。

バングラデシュ
- 1mの海面上昇で約3万km²の国土が浸水し、農地が失われたり塩類化が起こる。＊1
- 1mの海面上昇で年間80万トン〜290万トンが失われる。＊4

日本
- 気温が3℃上昇した場合、米の潜在的収量が北海道で13%増加、東北以南では8%〜15%減少。＊5

豪州・ニュージーランド
- オーストラリア南部・東部、ニュージーランド東部の一部で、増加する干ばつのために2030年までに農業の生産量が減少。＊2
- 気温が4℃上昇すると、一部地域で生産活動が不可能。＊3

北アメリカ　＊2
- 今世紀早期の数十年間は降雨依存型農業の生産量が5%〜20%増加する。

ラテンアメリカ　＊2
- より乾燥した地域では農地の塩類化と砂漠化により生産力が減少。
- 温帯地帯では大豆生産量が増加。

資料：
＊1:IPCC3次評価報告書WG2、＊2:IPCC4次評価報告書WG2、＊3:スターンレビュー(2006)、＊4:アジア開発銀行、＊5:(独)農業環境技術研究所
出典:『農業用水分野における国際貢献』農林水産省　2010年6月

　また、水資源を国際河川に大きく依存している国や地域では、食糧生産に欠くことができない水資源の争奪戦が激化することが予想できる。さらに、大掛かりな金融投機は農産物価格の変動を大きくする要因となり、混乱に拍車を掛けることが懸念される。所得の低い国と食料自給率の低い国においてその影響は顕著に表れることとなり、日本は農産物価格の上昇と変動リスクに晒されることになる。

漁業に目を転じれば、世界全体の漁獲量は現在も中国や新興国を中心に伸びており、将来肉類の価格上昇や供給量が減少する場合には魚類の消費量が増大することが予想されている。しかし、マグロやウナギ、スケトウダラに代表されるように、既に種類によっては乱獲により漁獲量が減少し、資源枯渇と価格上昇が起こっている。30年前にはロンドンの街角で気軽に楽しめたフィッシュ・アンド・チップスは今や高級料理となり、日本ではウナギが庶民の味から超高級料理となった。黒マグロもさらなる漁獲規制によりお目にかかる機会は少なくなりそうだ。海面養殖技術が進歩しているが、増大し続ける世界の需要を賄うには十分ではない。

地球温暖化の影響は漁業にも深刻な影響を及ぼす。海水温度の上昇により、南の海では珊瑚が死滅することが予想されている。また、少し北の海でも二酸化炭素の排出量の増加（後述する）により海洋は酸性化する。海洋酸性化は海洋生物に大きな影響を与え、貝類は殻を形成できなくなって大幅に減少し、海洋の食物連鎖に深刻な影響が及ぶことが考えられる。

さらに、漁船の燃料価格は水産物価格に直接的に影響を及ぼす。水産物の安定供給はエネルギー価格との関連も大きい。

2. 環境リスク

環境リスクは、人間の経済活動によって自然環境が損なわれ、それによって逆に人間の社会・経済・産業活動に負の影響が生じるリスクであるが、人類が経済活動を止めない限り根本的な解決はできない。人類は野山を開墾して農耕を行い、河川や湖から水を引き、地下水をくみ上げ、地中や湖底、海底から大量の化石燃料や鉱物を採取し、化学物質を合成し、生産過程で熱、温室効果ガスを排出し、廃棄物や有害物質を空中、河川・湖・海中、地中に投棄してきた。

産業革命以降、人間の経済活動は自然との調和・共存の域を超え、自然にダメージを与え続けている。そして、大気、水質、土壌を汚染して健康被害を始めとした様々な公害問題を引き起こし、生物の多様性にも重大な影響を及ぼしている。さらに、温室効果ガスの排出や熱帯雨林の大規模な伐採は地球温暖化を招き、気候変動と異常気象を引き起こし、自然環境と生態系全体に重大な影響を及ぼしている。

経済リスクと環境リスクは、経済成長を優先するか環境保護を重視するかと

いうトレードオフの関係にあるが、経済問題優先のために環境問題への取り組みが緩慢でかつ後回しになる傾向が世界的に強い。

地球温暖化はその代表例であるが、温室効果ガスの排出量は地球の対応力を大きく超えて増え続け、地球環境は弾力性と復元力を失いつつある。その結果、気候変動が起こり極端な異常気象の発生頻度が高まっている。

環境問題が後回しにされる背景には、先進諸国では長期間低迷する経済状態の打開のために工業生産と消費の拡大が優先され、新興国及び発展途上国では国民の生活水準の向上が優先されることがある。その結果、自然環境は悪化の一途を辿る。また、シェールガス採掘のためのフラッキング、ナノテクノロジーに利用される金属や化学物質の環境や健康に及ぼす影響についても、懸念が払拭されないままに開発・利用が拡大されている。

環境問題に起因する人的・経済的損害は計り知れないものになる。気候変動を抑えるために温室効果ガスの削減を取り決めた京都議定書（1997年12月署名）は米国の離脱や中国・インドを始めとした新興国への効力を持ちえなかったことから実効性が十分ではなかった。シェールガスの商業的採掘に目処がついた米国は、ようやく温室効果ガス削減に向けて重い腰を上げ、大気汚染に苦しむ中国も対策に乗り出しているが、地球環境の悪化を食い止め、改善するための国際的枠組みはできていない。

(1) 公害

公害について、日本の環境基本法（1993年施行）では「環境の保全上の支障のうち、事業活動その他の人の活動に伴って生ずる相当範囲にわたる大気の汚染、水質の汚濁（水質以外の水の状態又は水底の底質が悪化することを含む）、土壌の汚染、騒音、振動、地盤の沈下（鉱物の掘採のための土地の掘削によるものを除く）及び悪臭によって、人の健康又は生活環境（人の生活に密接な関係のある財産ならびに人の生活に密接な関係のある動植物及びその生育環境を含む）に係る被害が生ずることをいう。」としている（2012年9月の改正で放射性物質を公害物質として追加）。

日本では、既に江戸時代には金、銀、銅、鉄、硫黄、石灰などの鉱産物の採掘と製造による土砂流出、有害物質による水質汚染、煙害などの環境汚染が発生しており、さらに19世紀の産業革命と工業化が進んだ時期には足尾銅山鉱

毒事件が発生し、社会問題化している。その後も経済発展の過程で数多くの公害が発生しており、とりわけ1950年代から1960年代の高度経済成長期には多くの重大な公害問題が発生している。中でも水俣病、新潟水俣病、四日市ぜんそく、イタイイタイ病は住民への被害の大きさから四大公害事件と呼ばれている。そして、東日本大震災により発生した福島第一原子力発電所の事故は、被害住民の数、汚染地域の広さ、放射能物質の除去の難しさ、今も続く海洋への汚染水の滲出など、日本の公害史上最悪の出来事となった。

　日本人の環境保全に対する意識は、高度成長期を終える頃から次第に高まってきている。ごみの分別が進み、プラスチックなどの投棄などが減るとともに、かつて魚が住めなくなっていた都市を流れる川にサケやアユが遡上するまでに水質が改善されてきている。一方、世界的には中国やインドなどの新興国において、環境技術の遅れや環境への配慮の欠如から大規模かつ深刻な大気・水質・土壌の汚染問題が発生して、住民の健康被害と自然破壊が深刻化している。

　また、中国で発生し大気汚染を引き起こしているPM2.5（微小粒子状物質）は偏西風に乗って日本にまで飛来し、大気汚染は国境を越えて広がっている。

　公害問題は、原因と被害の因果関係が明らかになれば問題解決、あるいは大幅な改善が可能になる。すなわち、国内に発生源がある場合には、有害物質を排出、投棄した企業や団体に対して改善を求め、発生した被害に対しては賠償という形で責任を求めることができる。また、監督する国家や行政府の管理責任問題として、企業の負担可能金額を超過した金額について国家や行政府に救済を求めることも考えられる。しかし、発生源が海外にある場合には問題解決は容易ではない。

　多くの公害の事例からの重要な教訓は、公害を起こした企業や団体に事後発生する原状回復と被害者に対する賠償に掛かる費用は、公害を発生させないようにする設備投資より遥かに高く付くことである。また、一度問題が発生すると企業のブランド力と信用が低下して事業継続が危うくなる事態に発展しかねず、賠償責任に対する保険手当てなどの財務的手当てについても準備しておくことが重要である。

(2) 気候変動

　気候変動には二つの要因がある。一つは、地球と太陽との距離・地軸の歳差

運動と傾き、大気の組成状態、太陽の活動、大規模な火山噴火や隕石の衝突により地球が火山灰や厚い雲に長期間覆われるなど、人間の行為とは関係のない事情による変化である。もう一つは、近年問題が深刻化している温室効果ガスの排出が地球の対応力を上回り、温暖化することによる変動である。

i. 非人為的気候変動

46億年の地球の歴史上、過去に少なくとも4回の大氷河期があったことが分かっており、もう少し短いタイムスケールで見た場合に4～10万年の周期で氷期が訪れている。地球の歴史を科学的に分析する場合、極地に氷床があるかどうかを基準として氷期と間氷期に分けられる。現在も南極とグリーンランドに氷床があるので氷期であることになるが、一般的な言葉の用法としては北アメリカと欧州に氷床が拡大した寒冷期を指して使われることが多く、現在は直近の氷期が終了してから1万年ほど経った氷期と氷期の間の間氷期であると考えられている。

地球では氷河期が億年単位の時間軸で訪れており、間氷期においても「二酸化炭素とメタンなどの大気の組成」「地球の軌道（太陽との距離、地軸の歳差運動、地軸の傾き）」「大陸の配置（北極圏と南極圏の大陸の存在）」の3要素の組み合わせにより万年単位で小さな氷期（寒冷化）と間氷期（温暖化）が交互に訪れている。さらに詳細に見れば、万年単位の小さな寒冷期間においても100年単位の寒冷期と温暖期が繰り返されている。

寒冷期には気温低下、日照時間の減少、降雨量の変化などの現象が現れ、気象災害が頻発し、しばしば飢饉が発生する。日本では17世紀から寒冷期に入り1640年代前半（寛永）、17世紀末（元禄）、1730年代前半（享保）、1750年代（宝暦）、1780年代（天明）、1830年代（天保）に飢饉が発生している。中でも天明の飢饉は「大飢饉」と言われ、悪天候と冷害に加えて岩木山、浅間山の噴火による影響が重なった結果、東北地方を中心に数万人の餓死者を出した。追い打ちをかけるように、疫病が蔓延して窮状を極め、江戸や大坂では米屋の打ちこわしが起こり、騒乱が地方に波及する事態が起こっている。

寒冷化と温暖化が人間の行為とは関わりなく発生する場合には、我々はそれを受け止めた上で対応を検討するしかない。しかしながら、人為的行為によって気候変動を招き、それが人類や生態系に悪い影響を及ぼすのであればそれを

阻止し、少しでも改善しなければならない。それはまた、人類が全生態系に対して負っている責任である。

ii. 人為的気候変動

人為的気候変動は、地球を寒冷にする三つの要素の内「二酸化炭素とメタンなどの大気の組成」を人間の生産活動によって変化させることにより引き起こされる。現在の地球の平均気温はおよそ15℃で、液体の水が存在し、多様な生命体に恵まれた穏やかな環境である。地球と太陽との距離やその他の要素から計算すると、大気の役割を考慮しなければ地球の平均気温は－18℃にまで下がるとされる[8]。二酸化炭素やメタンなどの温室効果ガスは、大気中の水分（雲）とともに地球表面から放射される赤外線の一部を吸収しそれを再び地表に戻す機能を持っており、そのお陰で地球の穏やかな環境が維持されている。

大気の組成を見ると、二酸化炭素を始めとした温室効果ガスの割合は1％にすぎない。その1％の温室効果ガスが地表気温の絶妙なバランスを保っているわけで、僅かな変化が地球環境に重大な影響をもたらすのである。すなわち、そのバランスが長年維持されてきたことにより地球は生命があふれる惑星として存在しているが、大気中の二酸化炭素の割合が少し上昇するだけでも温暖化し、減少すれば寒冷化してしまうということだ。

ところが、人類は、生産活動により二酸化炭素、メタン、一酸化二窒素を始めとした温室効果ガスを過剰に排出し、非常に低濃度ではあるものの、もともと大気中にはなかった強い温室効果があるフロンなどのガスを作り出し、結果、奇跡のバランスは破壊されて地球は温暖化に向けて暴走している。勿論、増え続けるエネルギー消費を抑制し、紙や木材の消費量を減らして森林を守り、緑化を推進する活動も世界中で盛んに行われているが、問題解決のためには温室効果ガスの排出量を半分以下にしなければならないのに対して、現状では増加傾向に歯止めを掛けることすらできていない。

〈グラフ4〉は、1970年以降の温室効果ガス排出量の変遷、およびガスの種類と生成の内訳を示したものである。

---

8. 気象庁気象研究所気候研究部、「地球温暖化の基礎知識」2008年6月

〈グラフ 4. 温室効果ガス排出量の変遷、ガスの種類と生成の内訳〉

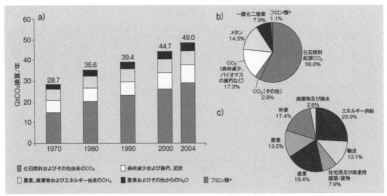

注：(a) 1970〜2004 年の世界の人為起源温室効果ガスの年間排出量、(b) 2004 年の人為起源温室効果ガス総排出量に占めるガス別排出量の内訳（CO2 換算ベース）、(c) 2004 年の人為起源温室効果ガス総排出量に占める部門別排出量（CO2 換算ベース）の内訳。(森林部門には森林減少を含む)
出典：気候変動に関する政府間パネル (IPCC) 第 4 次評価報告書、文部科学省・気象庁・環境省・経済産業省　翻訳

　また、温室効果ガスの中で最大の割合を占めている二酸化炭素の自然要因による濃度の上限値は 300ppm とされているが、現在の濃度は既に 400ppm を超えており（米国海洋大気庁（NOAA）、ハワイ島で 2013 年 5 月 9 日に観測）、大気の組成バランスは既に大きく狂ってきている。この事態を受けて国連気候変動枠組条約（UNFCCC）事務局のフィゲロス事務局長は、「我々は歴史的な境界を越え、新たな危険領域に入った」とする声明を出している[9]。
　〈グラフ 5〉はハワイ島における二酸化炭素濃度の変化をグラフにしたものであるが、毎年濃度が上昇していることが分かる。なお、グラフ上の 1 年の内の上下の変化は、春から夏にかけて植物の光合成活動が活発になるために濃度が減少し、秋から冬にかけて植物活動が低下するために濃度が上昇することによる。
　地球温暖化の進行により極地に近いツンドラの泥炭地帯にある永久凍土が溶け始めると、二酸化炭素以上に強い温室効果のあるメタンガスが大量に空気中に放出される。そうなると、地球温暖化はさらに深刻さを増すことになる。永久凍土が完全に溶けて地中に閉じ込められている全てのメタンが放出されるまで温暖化は暴走することになる。後ほど、温暖化が特に北半球の極地周辺で大きな影響を及ぼす状況を説明するが、その最大の理由がツンドラのメタンガス

---

9 UNFCCC 2013 年 5 月 13 日発表

の放出による負の連鎖である。

〈グラフ5. 地球全体の二酸化炭素の経年変化〉

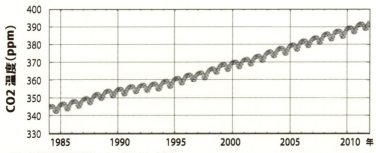

出典：温室効果ガス世界資料センター（WDCGG）、気象庁

　オゾン層は有害な波長の短い紫外線の大部分を吸収し、生態系を維持する上で重要な役割を果たしているが、この破壊が問題になって久しい。オゾン層は、冷蔵庫やクーラーの冷媒、プリント基板の洗浄に使われてきたフロンを始めとした人類が作り出した塩素系化学物質が20世紀以降大量に空中に排出されたために破壊が進み、人間の健康を含めて生態系に影響が及んでいる。フロンについては1987年のモントリオール議定書により世界各国で規制が行われ、ノンフロン化に向けて取り組みが強化されている。また、オゾン層破壊には亜酸化窒素（N2O）も大きく影響しているが、亜酸化窒素はフロンに比べてオゾン層破壊能力は弱いものの大気中に長く存在するため、今後はオゾン層破壊の主たる要因になるものと考えられている。

　オゾン層の破壊が最も顕著に表れるのが南極であるが、南極では春（9〜10月頃）になるとオゾンホールができる。そして、オゾンホールの影響を強く受けるオーストラリアの一部では、皮膚の炎症、皮膚癌、目への影響の予防のため、住民は皮膚を露出せず、サングラスをかけるなどの対策を取っている。

　幸い、フロン規制の効果によりオゾン層の減少には歯止めが掛かってきているが、1980年代を中心に大量のオゾン層が破壊されたため、現在も絶対量の少ない状況が続いている。また、火山噴火や工場、自動車の排煙に含まれる公害物質の硫黄酸化物は反応して硫酸エアロゾルを生成し、オゾン層破壊の触媒ともなることから、回復のためには硫黄酸化物の排出についても削減するための国際的取り組みが必要である。

話を気候変動の中心的問題に戻そう。

　温室効果ガス排出量の増大は、気候変動と異常気象という形で現れる。現象として、地球温暖化と気象災害の巨大化と北進を招いている他、乾燥地域の砂漠化と塩類化の拡大、降雨量の多い地域における降雨の激烈化とそれに伴う洪水の発生、南極の氷や氷河の溶解、海水面の上昇と沿岸地域の土地の浸食と浸水被害の拡大を招く。そして、気温と海水温度の上昇は生物の多様性の喪失を招く。また、既に触れた通り、水資源危機や食糧供給不安、それに伴う価格高騰などの事態を招くとともに、水資源や食料の争奪に端を発する社会リスク及び地域間・国家間の地政学リスクを誘発することも考えられる。

　世界各国の温室効果ガスの排出量削減の取り組みにも拘らず、地球全体の排出量は依然として増大を続けているが、排出量の削減以外にも状況改善の努力が行われている。〈グラフ4〉では二酸化炭素が温室効果ガスの中で大きな割合を占めていたが、自然界では植物や藻の光合成により水と二酸化炭素から炭水化物を合成し、その過程で酸素を空中に放出している。

　もし人間が人工的に光合成を行うことができれば、温室効果ガスの問題は解決する。解決にまで至らなくても、大幅に状況が改善する。すなわち、人間は炭素化合物である有機物を食料とし、有機物である石油を燃料として燃やすことにより空気中に二酸化炭素を放出しているが、過剰に放出している二酸化炭素を人工光合成により再び有機物に合成することができれば空気中の二酸化炭素量を減らすことができる。また、人工光合成によりプラスチックやエタノールなどの量産が可能になればエネルギー問題の改善につなげることもできる。

　この分野の研究は1970年代から日本が世界に先駆けて取り組みを開始し、大学などの研究機関とともに大手家電、自動車、化学関連企業も実用化に向けて技術開発に取り組んでいる。また、近年では米国や中国においても国家的取り組みとして研究・技術開発が進められている。研究の発展と早期の実用化が待ち遠しいが、現時点においては実用化に向けたスケジュールと効果が展望できる段階には達していない。しかし、日本が人工光合成の実用技術の開発に大きな役割を果たすことができれば、地球環境改善とともに日本経済の活性化にも大きく貢献でき、期待は大きい。

(3) 地球温暖化

　地球温暖化は北半球を中心に顕著化しており、気象庁が国連機関であるIPCC（気候変動に関する政府間パネル）の温室効果ガス排出シナリオA1Bを用いた分析によれば、1981年から2012年までの期間で、100年当たり平均0.68℃上昇している。また、日本は世界平均を大きく上回り、1.15℃の割合で上昇している。今後2100年までに世界の気温はさらに1.8℃～3.4℃上昇し、日本の場合には2.1℃～4.0℃上昇するものと予測されている[10]。

〈グラフ6. 日本の平均気温の予測（1980～1999平均からの偏差）〉

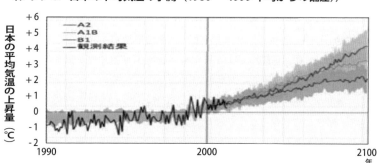

注：A2、A1B、B1は気象庁による温室効果ガス排出シナリオに基づく予測
出典：『日本の気候変動とその影響（2012年度版）』2013年3月、環境省地球環境局

　地球温暖化の進行は、地球環境に重大な影響を与える海水面にも大きな変化をもたらす。極地の氷や氷河の溶解、海面水温の上昇による膨張により、既にツバルを始めとしたオセアニア諸国やモルディブ、ベネチアのように海抜の低い島や地域が水没の危機に直面している他、インド、バングラデシュ、ベトナム、デンマークやオランダなどの沿岸地域も浸水頻度が高まり、土地が洗い流される場所も出てきている。
　日本周辺の海でも今後海水面が上昇するものと予想されており、海面が60cm上昇すると日本沿岸の砂浜の大部分が失われ、三大湾（東京湾、伊勢湾、大阪湾）のゼロメートル地帯の面積と地域人口は〈図1〉の通り5割拡大する

10『気象温暖化予測情報 第8巻（2013）』気象庁

ものと推計されている。ただし、IPCC の直近の研究では海面上昇は 82cm 以上と予測されており、状況はさらに厳しくなる。防潮堤の高さや高波・高潮対策については、海水面の上昇を考慮して嵩上・再構築が必要となる。

(4) 巨大台風、異常気象の発生

地球温暖化の影響は海水面の上昇のみならず、台風やハリケーンの巨大化、降雨の激烈化や長雨、竜巻の発生などの異常気象や気象災害としても現れる。

〈図 1. 三大湾の海面上昇による高波・高潮リスクの増加〉

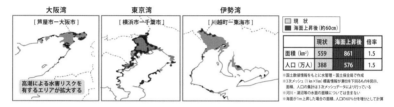

注：約 60cm の海面上昇は、AR4 で 21 世紀末に予測される全球平均海面水位の上昇の予測の上限（A1FI シナリオ：59cm）に相当する。現在気候は 1979～2003 年、将来気候は 2075～2099 年。
出典：国土交通省、『2008：水災害分野における地球環境温暖化に伴う気候変化への適応策のあり方について（答申）』（平成 20 年 6 月社会資本整備審議会）

2011 年のタイ洪水では、浸水面積が日本の九州を上回る 4 万 5000km² に及び、最初に洪水が発生してから水が引くまでに約半年を要したが、気候変動による災害の巨大化の例とされている。2005 年の米国のハリケーン・カトリーナも地球温暖化の影響による災害の巨大化の例とされ、ニューオリンズ一帯が浸水し、当時の世界最大の経済被害を記録した自然災害であった（東日本大震災の経済被害はハリケーン・カトリーナを上回り自然災害による史上最悪の経済被害額を記録したが、気象災害としてはハリケーン・カトリーナが依然として最大）。さらに、2012 年にはやはり米国でハリケーン・サンディがニュージャージーやニューヨークで大きな被害を出した。今後、ハリケーンが高緯度のニューヨークを襲う確率は非常に低いという認識は改めなければならないだろう。他にも、2011 年のオーストラリアのブリスベンの洪水、米国での猛烈な竜巻の多発、大規模な山火事など、地球温暖化の影響による異常気象の増加傾向が見られる。

日本に上陸あるいは影響を及ぼす台風への影響についても、様々な機関で研

究が行われている。名古屋大学の坪木和久教授と海洋研究開発機構、気象庁気象研究所の研究では、海水面温度が現在より2℃高い31～32℃になった場合、2074年から2088年までの14年間に12個の風速67m/sを超える"スーパー台風"が日本付近に接近するという予測が出されている。室戸台風（1934年）、伊勢湾台風（1959年）などがスーパー台風に該当するが、今世紀後半、日本列島には猛烈な暴風雨と5～10mの高潮を伴ったスーパー台風が毎年のように上陸もしくは接近するという予測である。

　この予測の中で最大の台風は最低中心気圧862hPa、最大風速84m/sというとてつもない台風で、2013年にフィリピンを襲った観測史上最大の台風ハイエンの中心気圧895hPaをも大幅に下回る。さらに、巨大台風の北進と日本への影響について、最大風速75m/sのスーパー台風が、北緯30度を越えて、関東の約500km南を北東に通過すると予測している。前述したように、ハリケーン・サンディ以降、カトリーナ級のスーパー・ハリケーンがニューヨーク周辺に達するという想定が現実味を帯びてきているが、同様に日本の関東以北もスーパー台風の脅威に晒されていることを認識しなければならない。

(5) 生物の多様性への影響

　〈図2〉（48ページ）は、今世紀末の気温が1980～1990年の気温との比較で何度上昇するかという予測を地球儀の上で表したものである。これによれば、地球温暖化の影響は北極を含む北半球の高緯度帯で強く表れ、場所によっては5℃以上、北極の辺りでは7℃も気温が上昇する。このような急激な温度上昇は、前に述べたツンドラ地帯の永久凍土の溶解によりメタンガスが放出され、温暖化が加速度的に進むことによるが、遠くない将来、夏には北極の氷が溶けてなくなることになる。生態系被害の代表的な例として、ホッキョクグマは北極圏の海氷の減少に伴って生息域が急速に失われて絶滅が危惧されている他、寒冷地生物の種の保存とホッキョクグマを頂点とした生態系は、破壊の危機に晒される。

　海中生物については、南洋の海中生物が北の海に進出し、北の海の生物は生息域を狭められることになる。一方、南の海では海水温度の上昇により珊瑚が死滅し、生物の棲まない海中の砂漠化が進行する。日本政府の研究調査によれば、北方海域は珊瑚骨格の形成に適さない酸性海域であるため、日本沿岸の珊

瑚礁の分布に適した海域は2020～2030年代に半減し、2030～2040年代に日本のサンゴ礁は消失すると予測されている[11]。さらに、海洋が増加した二酸化炭素を吸収することにより酸性化が進行し、食物連鎖の底辺にある貝類が大幅に減少して生態系全体に影響が及ぶ。

〈表2〉で地球温暖化が農業生産に与える影響について見た通り、中央アジアやオーストラリアなどでは塩類化・砂漠化により農業生産が大きく落ち込むことが予想されているが、当然のことながら穀物だけでなく他の生物も多くが育たなくなる。追い打ちをかけるように牛や羊などの過放牧によっても塩類化・砂漠化が進む。ジャレド・ダイアモンドは著書『文明崩壊』の中で、オーストラリアでは温暖化による影響に加えて、牛や馬の過放牧によって食物が根こそぎ食べ尽くされ、栄養度の高い表土が広い範囲でむき出しになって風に飛ばされて植生が回復できず環境破壊に拍車が掛かっている例や、モンタナ、イースター島、グリーンランドなどにおいても人為的な環境破壊により自然が回復できなくなっている例など、多くの事例を紹介している[12]。

過去に多くの動物が絶滅し、今もホッキョクグマやトラ、ヒョウ、サイ、ゴリラ、パンダ、河イルカなど多くの動物が絶滅危惧種にリストアップされ種の存続の危機にある。他にも多くの淡水魚、植物の絶滅が危惧されているが、人間による捕獲、家畜からの伝染病、森林の伐採、河川改修、水質・土壌・空気の汚染・汚濁などによる生息域の破壊と環境の変化とともに、気温、降雨、降雪量及びその期間などの気候変化も重大な要因となっている。

地球の長い歴史の中で形成されてきた生態系が壊れた場合、自然環境は劣化し、簡単には元に戻らない。動物を例に取れば、食物連鎖の底辺にいる小動物の餌になる食物や昆虫が減れば小動物が減少し、それを捕食する大型動物も減少して自然は荒れる。また、食物連鎖の頂点にいる肉食動物が減少すれば草食動物は繁殖に歯止めが掛からなくなって植物を根絶やしにし、土壌の荒廃を招いて自然環境を悪化させることになる。地球温暖化は、これまで人間が行ってきた自然破壊より遥かに大きなスケールで生物の多様性と生態系を破壊しつつある。温暖化の進行は、北極海の氷が溶けて船舶の往来が可能になること、極地の資源開発と観光産業の誘致、寒冷地の暖房コストの若干の軽減、限定的地

---

[11] 『日本の気候変動とその影響（2012年度版）』2013年3月、文部科学省、気象庁、環境省
[12] 『文明崩壊（上）（下）』ジャレド・ダイアモンド著、楡井浩一訳、草思社（2005年）

域における農業生産の拡大以外にメリットはほとんどない。反対に、生物の多様性喪失危機は人間の生存環境や食糧事情にも直結する問題であり、失うものは余りにも大きい。絶滅種と危惧種が生態系の中で果たしてきた役割を考える時、生物多様性の維持とその環境維持の重要性が人類の生存環境に直接的に重要な意味を持っていることが明確になる。

〈図 2. 地上気温の上昇の地理的分布〉

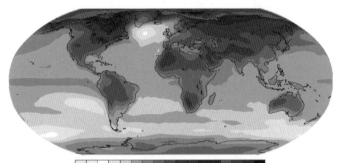

注：21 世紀末（2090〜2099 年）における地上気温の変化の予測。複数の大気海洋結合モデル（GCM）によって計算された SRESA1B シナリオの予測の平均値を示す。気温変化は 1980〜1999 年との比較。
出典：IPCC 第 4 次評価報告書、翻訳：文部科学省・気象庁・環境省・経済産業省

(6) 巨大地震・津波、火山噴火、隕石落下

　巨大地震の脅威に対する認識は、地震国と言われる日本やイラン、中国、トルコ、チリ、米国の西海岸、インドネシア、ニュージーランドなどと、地震の少ない欧州（イタリアなどの一部の国・地域を除く）や米国の東部・中部などとでは大きく異なる。グローバル・リスクの調査対象には欧米のリーダーが大きな割合を占めているためか、地殻変動に関するリスクは上位にはランクされていない。しかしながら、巨大地震とそれに伴う大津波は世界にとって最も重大な脅威の一つであり、火山噴火についても同様である。特に、地震発生頻度の高い環太平洋造山帯エリアはアジア諸国を中心に人口が多く、さらに、著しい経済成長によりグローバル経済における重要性も飛躍的に上昇している。

　また、2013 年 2 月 15 日にロシアのチェリャビンスク州に隕石が落下し、衝撃波により付近の建物の屋根や壁が崩れたり、窓ガラスが割れるなどの損害が出た。重大な被害が発生する隕石の落下頻度は低いが、隕石が大都市や工業

地帯、原子力発電所などに落下した場合には深刻な事態を招くことになる。残念ながら現在のところ、隕石の落下に対して、人類はそれを事前に予測し備える術を持ち合わせていない。

地震の発生については地域的偏在性があり、火山の所在も分かっている。また、地震の多発地帯に火山があることが多いが、これは巨大地震が発生する地下のプレートがぶつかり合う場所の付近にマグマ溜まりができやすいためである。そのため、日本を含む環太平洋造山帯には巨大地震と火山噴火の両方のリスクがある。しかしながら、そこに暮らす人々が地震や津波、火山噴火などの危険があるからその地を離れるかといえば多くの場合そうはならない。

豊かな植生を育てる肥沃な土壌が形成されるためには、火山噴火により供給される新鮮な土壌と降雨が必要である。したがって、地震や火山があり降雨量が多いところは豊かな自然の恵みのある場所である。また、豊かな海は背後の豊かな山から栄養分をたっぷり供給されている。つまり、日本列島を含む環太平洋造山帯とその周辺地域は地震・津波、火山噴火、洪水などのリスクに晒されているが、同時に豊かな自然に恵まれている。それ故に多くの人口を支えることのできる地域なのである。

地震の発生には一定の周期があるとともに、地震には活動期と休止期があることが知られている。巨大地震の発生頻度は近年高まっており、22万人の死者が出た2004年のスマトラ沖地震、31万6000人の死者を出した2010年のハイチ地震、2010年及び2014年のチリ地震、2010年から2011年にかけて数次にわたり発生したニュージーランド地震、そして2011年の東日本大震災など、環太平洋造山帯を中心に地震活動が活発化していることが報告されている。

地震はその発生の形態から、大きくプレート間のひずみがはじける時に発生する海溝型地震と活断層のズレによる直下型地震に分けられる。海溝型地震は東日本大震災のように震源域が広い巨大地震を引き起こし、大津波を伴うことがあり、被害は沿岸部を中心に広域に及ぶ。大都市、工場地帯が巻き込まれ、交通網が遮断された場合には、人的被害のみならず経済被害も巨額になり、国家の経済基盤にも甚大な影響を及ぼす可能性がある。

直下型地震は地震の規模は小さくても、人の生活域の直下で発生することがある。人口が密集し産業価値が集積する大都市や工業地帯の直下で発生すれば、

地震警報が出される間もなく激しい揺れに襲われる。阪神・淡路大震災が直下型地震の例である。

　火山噴火については、活動中の火山の噴火被害が及ぶことが想定される地域に多くの人が住む街や工場地帯が形成されることはない。現実的リスクは、大量の降灰による健康被害、交通、通信システムなどの都市機能の麻痺、日照時間の減少による農業被害などである。

　火山灰が長期間空中に留まれば、飛行機の運航が妨げられる事態も起こる。2010年のアイスランドの火山噴火では火山灰が強い西風により欧州の上空に運ばれたためヨーロッパ地域発着の航空路線に大きな影響を与えた。4月14日に始まった混乱は5月上旬まで続き、物流や観光産業に大きな影響が出た。また、アイスランドの噴火ではそこまでには至らなかったが、さらに大量の火山灰が降り続く場合には火力発電所の運転を止めざるを得なくなり、電力供給ができなくなる。もし大部分の原子力発電所が停止している日本国内で大量の火山灰を噴出する噴火が発生すれば、事態はより深刻なものになる。

　近年の大規模な火山噴火の例としては、1980年の米国のセント・ヘレンズ山の噴火と1991年のフィリピンのピナトゥボ山の噴火が挙げられる。セント・ヘレンズ山は大規模な噴火により山体崩壊を起こし、標高が2950mから2550mになった。多くの橋、高速道路、鉄道も広域にわたって破壊され、米国経済に大きな打撃を与えている。また、ピナトゥボ山の噴火では、噴出物の総量はセント・ヘレンズ山噴火の10倍に相当する約10 km^{3}と推定され、火山灰は最高で上空34kmに達し、降灰はベトナム、カンボジア、マレーシアにまで達している。また噴出した二酸化硫黄エアロゾルが成層圏に硫化物の雲を作り出し、太陽光を遮ったために、北半球を中心にその年の平均気温が約0.5℃程度押し下げられた。

　多くの火山では活動期間と休止期間が交互に訪れるが、発生時期の予知は難しい。富士山は、平安時代には延暦大噴火（800〜802年）、貞観大噴火（864〜866年）と活発な火山活動が続き、その後11世から16世紀始めまでは比較的平穏であったが、1707年宝永地震（海溝型巨大地震）の49日後に誘発噴火（宝永噴火）したが、その後は1854年の安政東海地震の直後に小規模な火山活動はあったものの再び平穏な状態に戻っている。宝永噴火の後300年以上大規模な噴火はなく、次の噴火の時期と規模の予測は難しい。

（7）パンデミック

人間にとって病気はいつの世でも重大な問題であるが、今日の主な死因は心臓発作、脳卒中などの循環器疾患、糖尿病、胃癌、肺癌、乳癌、肝臓病などの感染しない疾患であるのに対して、これまでの歴史の流れを変えた重大な病気の死因は毒性の強いバクテリアやウイルスによる感染症の大規模な蔓延であった。

2014年に西アフリカでエボラ出血熱が蔓延した。蔓延を食い止められなかった最大の理由は、1976年にエボラ出血熱が確認されて以降40年近く経った今も有効なワクチンや治療薬がないことである。現在のエボラ出血熱ウイルスは接触により感染するタイプであるが、突然変異により空気感染するタイプが生まれればパンデミックに発展する可能性が高まり、人類にとっての重大な脅威となる。エボラ出血熱が蔓延するまでは、今日のように衛生状態が改善し、医療体制も整っている中でそのような心配はないと考えていた人が多かったと思われるが、2015年の世界経済フォーラムの調査では、「感染性疾患の迅速かつ広範囲にわたる蔓延」が影響の大きさで2位にランクされている（12ページ〈表1〉参照）。

前述の『文明崩壊』の著者ジャレド・ダイアモンドは、現代のパンデミックに関連する重大な脅威として二つのことを挙げている。すなわち、「衛生状態が改善された今日の社会では人間の免疫力が低下しており、強い感染力と毒性を持った病原菌には弱いと考えられること」、そして、「病原菌が生き延びるためには一定数の宿主が必要であるが、人口が急増し集団で生活する今日の社会には様々な病原菌が潜伏していること」である[13]。

16世紀にエルナン・コルテスが僅か600名程で数百万人のアステカ帝国を征服できたのは、コルテス軍が持ち込んだ天然痘が猛威を振るったからである。同じくフランシスコ・ピサロが僅か60人の騎兵と106人の歩兵で8万人のインカ帝国軍を打ち負かすことができたのも、馬や鉄器、火砲などの装備と近代的戦術の差以上に、彼らが持ち込んだ天然痘ウイルスに免疫を持たなかった先住民族の間で大流行し、戦闘能力を喪失したことが大きな要因になったと考え

---

[13]『銃・病原菌・鉄（上）（下）』ジャレド・ダイアモンド著、倉骨彰訳、2000年草思社、『昨日までの世界』同著、同訳、日本経済新聞出版社

られている[14]。

　西洋人が南北アメリカに持ち込んだ天然痘、インフルエンザ、チフス、腺ペストなどの伝染病は短期間に南北アメリカ大陸を蹂躙しつくし、コロンブスの大陸発見以前の先住民の人口の95％が葬り去られている。同様に、19世紀に西洋人がハワイに入植し始めたころ、西洋人の病気に免疫を持たなかった先住民族が次々に感染し、18世紀には約30万人いたとされる人口は19世紀後半には5万人台にまで激減し、西洋人がオーストラリアやニュージーランドに入植した時にも持ち込まれた病原菌により先住民の数が大幅に減少している[15]。

　14世紀に世界中で猛威を振るった黒死病（ペスト）の大流行では、ヨーロッパの人口の約2／3に相当する2000万人、世界では8000万人が亡くなっており、コレラも度々猛威を振るっている。

　多くの人が命を落とす悲惨な出来事として戦争や大規模自然災害に目が奪われがちであるが、パンデミックによる死者は戦争や自然災害を遥かに上回る。

　衛生状態が大幅に改善してきた20世に入ってからもパンデミックは発生し、スペイン風邪、アジア風邪、香港風邪などのインフルエンザは世界的な広がりを見せている。さらに、AIDSや前述のエボラ出血熱など次々に新たな感染症も出現している。また、これまでは渡り鳥による感染が主な広域感染原因であったが、2003年に中国広東省を基点にしてアジア諸国を中心に感染が広まった新型肺炎(SARS)や新型鳥インフルエンザ、エボラ出血熱の場合は人間の移動が感染拡大の要因となっている。

　大型のジェット旅客機の普及により国際間、大陸間の移動が容易になっていることから、風土病や地域限定的な病気がパンデミックに発展する可能性が高くなっている。防疫体制を徹底してウイルスの移動を封じ込める対策は重要であるが、絶対的な対策とはならない。中国で発生したSARSは遠くカナダでも多くの感染者と死者を出し、万全の防疫体制を敷いて水際でウイルスの侵入を防ごうとしていた日本にもSARSに感染した台湾人医師が近畿地方を旅行していたことが後日判明している。2014年アフリカで発生したエボラ出血熱では米国、スペイン、ドイツでも感染者が出た。感染者がウイルスの潜伏期間中に移動した場合の防疫は容易ではない。

---

14 『銃・病原菌・鉄』ジャレド・ダイアモンド著、倉骨彰訳、2000年草思社
15 同書

防疫・医療技術が高度に発達している現在でも人類は免疫を持たない病原菌に対しては無力であり、感染力と毒性の強いウイルスが出現した場合にはすぐに対処することは難しい。そして、高速かつ大量の交通手段が発達した今日では感染が世界的に拡散してパンデミックに発展する可能性がある。人類は感染症の脅威を克服したのではなく、これまで人類が悩まされた病原菌に対して対抗策を見いだしたにすぎない。感染者及び死者が多い場合、経済活動に重大な影響が出る他、医療費支出、防疫体制の整備、健康保険の支払いなどを通して政府の財務的負担が膨れ上がる。また、人とモノの移動を止めることが感染拡大を阻止する上で有効であるが、その場合、甚大な経済被害の発生は避けられない。

　なお、わが国は温暖で人口が密集し、病原菌の活発な繁殖と短い期間での感染の拡大が予想される東南アジアに近く、欧米諸国よりもパンデミックの影響を大きく受ける可能性が高い。欧米諸国以上に積極的な医療・防疫体制の強化と経済的備えの拡充が必要である。

第2章
日本が直面しているリスク

　序章では、世界のリーダーがどのようなリスクに重大な関心を寄せているのかについて紹介した。続いて、第1章では特に根源的なリスクとして、経済リスクと環境リスクを取り上げ、リスクの本質と社会生活及経済への影響について検討を行った。

　しかしながら、この世界は地理的要因、自然環境、資源の有無など国土の特性が異なり、歴史と文化、宗教及び倫理観、政治体制、隣国との関係、経済制度、人口構成、労働環境、法制度、教育制度と水準など、どれ一つをとっても状況が一様ではなく、自ずと国民性や精神、考え方が異なる。当然、リスクに対する意識も異なってくる。本章では、グローバル・リスクの検討を踏まえながら、日本の特徴的リスクについて検討を行う。

　日本列島は四方を海に囲まれ、その東西両側を黒潮と同じく暖流の対馬海流が流れ、そこに北から寒流が南下して本州の沖合で交わっている。また、モンスーンや、奥羽山脈から日本アルプスにかけて本州を東西に分ける山岳地帯の影響により四季のある温暖な気候に恵まれ、降雨量も多い。国土の約7割が山林であり平坦地は限られているが、生物の多様性が高く、沿岸の海には多くの魚介類が生息し、暖流と寒流が交わる三陸沖など世界的な漁場に恵まれている。他方、地震・津波が多く、火山があり、台風や洪水、豪雪といった自然災害が頻繁に発生するなど、世界的にも自然災害の多発地域である。

　日本列島は自然からの豊穣な恵みがある反面、多くの自然災害に苛まれ、ぬかるむ土地での農作業や土木工事、災害復旧などで親類や地域住民が協力し合う必要性が高かったことから集団主義と秩序が重んじられる。これらは、日本文化や日本人の特性を知る上で重要な要素である。そして、こうした日本が持つ独特の風土は、天皇を中心とした国家秩序を形成し、中国や朝鮮半島から伝来した儒教や仏教と日本人の精神性が融合して武士道という日本人独自の精神を醸成した。その精神は、武士階級がなくなった現在でも日本人の精神の底流に流れている。この集団主義を中心に据えた日本人の特性は、本書の重要なテー

マであるリスクに対する捉え方、認識、対処方法にも特徴的に現れる。

かつて日本は、産業技術、律令制度、都市計画、漢字、統治の手段としての宗教、道徳など、およそ国家形成に必要な要素の大部分を中国や朝鮮半島から導入し、単なる重要な交易国である以上の深い関わりを持っていたが、明治維新以降は東洋文明を否定して西欧文明を手本とした。そうかと思えば第二次世界大戦前夜には手本としていた米英を敵に回して彼らを「鬼畜」と呼んだが、戦後は米国と同盟関係を結び、非常に緊密かつ強固な関係を構築している。

逆に、隣国の中国、韓国、ロシアとは歴史・領土認識の相違により関係がギクシャクしている。特に、中国と韓国との関係は、両国の経済力が急速に拡大する中でそれぞれの主張を強めてきているために日本との間に政治的・感情的緊張状態が生じ、経済関係にも影響が及んでいる。さらに、戦前の日本の領土的野心と軍の蛮行により尊厳を傷つけられた中韓両国の根深い反発と国威発揚のための教育（中国では愛国主義教育）により生じる反日感情と、それに対する日本国民の嫌悪感情が関係改善の妨げとなり、恒久的関係改善の糸口が見えない状況が続いている。

経済的には、金ドル交換停止によって固定相場制から変動相場制に移行したニクソン・ショック（1971年）、二度のオイルショック（1973年、1979年）、プラザ合意（1985年）による急激な円高などの困難を、戦後の「55年体制」下で通商産業省（通産省）の許認可制度と大蔵省の護送船団行政により乗り越え、ミラクルといわれた経済復興と成長を成し遂げた。その間、自動車、家電を始めとした日本の「ものづくり」はわが国を世界第2位の経済国に押し上げた[16]。しかしながら、1990年代初頭に不動産・株式バブルが崩壊すると、終身雇用制及び年功序列システムなどの日本独特のシステムにほころびが生じた。そして、円高、高い法人税率、労働人口の減少と労働規制問題などにより、日本企業は低成長下における経営戦略への転換と中国やASEAN諸国などへの生産拠点の分散・移転に活路を求めるようになる。

さらに、第1章で触れたとおり、日本は先進諸国の中でも少子高齢化の進行が最も早く、年々増大する社会保障費負担が国と国民の生活を圧迫している。政府の債務残高は既にGDPの2倍を大きく超えて危険ゾーンに入っている。

---

16 日本のGNPは1968年に西ドイツを抜いて世界第2位となり、41年間世界第2位の経済大国であったが、2009年に名目GDP（IMF）が中国に抜かれて第3位になった

2014年4月に消費税が5％から8％に引上げられ、2017年4月にはこれが10％に引上げられる予定であるが、これだけでは債務の拡大を止められない。さらに債務が膨らんでいけば投資家は早晩日本国債を見放すであろうし、そうなれば日本の国家財政と経済システムが破綻することは必至である。そうなる前に手を打たなければならない。

　本章では、日本社会と経済が直面している代表的かつ特徴的なリスクとして、「国土、エネルギー、食料の安全保障」「巨大自然災害」「人口減少と少子高齢化社会」を取り上げて、その本質とリスクの脅威について検討を行う。また、動脈硬化を起こして日本経済と企業を苦しめている「規制・制度」と、円高や高い法人税率を始めとしたいわゆる「六重苦」の対応についても、経済リスクの観点からそれらを掘り下げてみたい。なお、本書の執筆時点において円高は解消されているが、将来に向けて長期的円高傾向が解消されたわけではなく、本書では引き続き「円高」を六重苦の一つとする。

1. 三つの安全保障

　安全保障とは、狭義には「国家の存立と主権に対して、それが侵されたり脅されたりすることがないように手段を講じて安全を確保・保障する」ことである。国際関係においては、国家を他国からの軍事的侵略や脅しから守ることであり、防衛の対象は領海、領空を含む国土とそこに住む国民の生命及び財産である。

　しかしながら、言葉の用法としては国家の存立に関わるような重要な問題、すなわち、エネルギー資源、食料、経済権益などを守るための手段を検討する場合にも用いられており、「国土の安全保障」に加えて「エネルギーの安全保障」、「食料の安全保障」という言葉はその重要性から一般的に広く用いられている。なお、「三つの安全保障」の一つとして「国土の安全保障」問題を挙げるが、政治問題についての筆者の意見を述べるものではなく、日本の客観的情勢について認識を共有することを目的とする。

(1) 国土の安全保障

　日本人は、戦後の平和ボケと経済的繁栄により、隣国の中国、韓国との間で国土の認識の違いが今になって政治的緊張を高める事態になろうとは長い間全

く考えてもいなかった。ところが、日本の同盟国であり世界唯一のスーパーパワーである米国の相対的軍事力の低下と日本と中国、韓国、さらにロシアとの間の経済的パワーバランスに大きな変化が生じてきたことにより、戦後70年経った今になって国土の安全保障問題に直面している。

　平和主義を貫く日本にとって経済的優位を保つことが国際関係上重要であるが、「失われた20年」により経済大国としての日本の相対的経済力は弱まった。一方、中国のGDPは既に日本を大きく上回り、軍事大国としても台頭している。韓国も日本経済の長期停滞を尻目に家電、自動車、造船、鉄鋼など、日本のお家芸であった分野で著しい成長を遂げて日本との経済格差は縮小している。また、中韓両国の経済関係が密接になり、韓国にとっての最重要貿易相手国は米国や日本から中国に移っている。こうしたことが、両国の領土の帰属問題に関する主張と行動がエスカレートしてきたことの背景にあるものと考えられる。さらに、ロシアとの関係については、同国が1990年代の政治と経済の混乱を乗り越え、2000年代後半からは資源大国として急速に経済力を回復し、日本との交渉上のパワーバランスが変化したことにより、同国は北方四島の統治の強化・開発推進へ政策の舵を切り、日本の返還要求に対するハードルは高くなっている。

　また、領土問題は、歴史的事実認識に加えて、しばしば資源（石油や天然ガス、鉱物などの天然資源、農業資源、漁業資源、観光資源等）の権益確保、通商の経由地としての利用などの目的により、国境を接する国の利害が対立することがある。日本と中露韓がそれぞれ意見を異にする地域には漁業資源、あるいは石油・天然ガス・鉱物資源があり、食料危機や資源獲得競争が激化する中でそれぞれの主張は平行線を辿っている。

　加えて、北方四島、尖閣諸島周辺の制海権・制空権は軍事的に非常に重要である。北方四島周辺海域はロシアにとって太平洋への非常に重要なアクセスであり、尖閣諸島から沖縄周辺海域は中国にとって太平洋への重要なアクセスである。

　2013年11月に中国が発表した防空識別圏は、尖閣諸島を含む東シナ海上空に既に日本が設定し国際的に認められている防空識別圏と大きく重複しており、新たな緊張が生じている。国際法に則って問題解決することが望ましいが、主権国家が互いに自国の主張が歴史認識を踏まえて国際法上の正義であると主

張していることから、問題解決は困難を極める。加えて、ロシアと中国は国連の常任理事国として強い権限を持ち、軍事大国でもある。国際司法裁判所の判断を求めることについても、実効支配を行っている立場とその無効を主張する立場では考えも異なり、双方の当事国がともに判断を求めることについて合意することは容易ではない。

さらに、問題はそこにある権益の保護に止まらず、国民感情の対立を招く。それは、時として国家間の経済関係にも影響を及ぼす。日本と中国、韓国との関係では、首相・閣僚レベルの靖国参拝が度々外交問題になるが、何か（中国、韓国の立場から）日本の軍国主義との関連付けが可能な出来事があると、影響は貿易、投資、観光に直接的に及ぶ。さらに事態が悪化すると、日本製品の不買運動、進出企業や店舗が暴力的行為の対象となり、日本人観光客、駐在員及びその家族の安全が脅かされることがある。2012年9月の尖閣諸島の国有化の時には中国各地で日本製品の不買運動が起こり、進出している企業や飲食店、デパート、スーパーなどが放火、投石の対象となり、現地従業員との関係に軋轢が生じたケースも出た。

韓国との間には竹島問題と歴史認識問題があるが、加えて1990年代になって出てきた従軍慰安婦の補償問題が両国間の経済関係にも影を落としている。日本政府は、1965年の日韓請求権・経済協力協定により補償問題は完全決着済みとの立場で、日本の裁判所も個人の請求権を認めていない。一方、韓国は慰安婦、サハリン残留韓国人、原爆被害者は協定の対象外との立場をとっており、日本政府の法的責任を追及している。特に、慰安婦問題については両国間で事実認識が大きく異なり、韓国が日本政府としての謝罪と賠償を求めているのに対して、日本政府は「補償問題は決着済みであり新たに政治・外交問題にすべき問題ではない」との見解である。

また、新たに日本企業が日本統治時代に行った労働者の戦時徴用に対しても賠償請求が行われており、韓国の裁判所では個人の請求権を認める判決が出されている。判決が確定して韓国内での請求権が行使され、日本企業がそれに応じない場合には在韓資産の差し押さえも可能になる。日本企業の戦時徴用に対する賠償請求が行使されれば、日本と韓国との政府間協定に対して新たな争点が加わることになる。

中国においても日中戦争開戦前の1936年の船舶賃借契約を巡る損害賠償訴

訟に関して、2014年4月に商船三井の大型船が中国の裁判所により差し押さえられ、商船三井が約40億円を支払って差し押さえ解除する事件が発生した。さらに、戦争中に日本に強制連行されて炭鉱などで働かされた元労働者とその遺族により日本企業に対する損害賠償請求が提訴されており、1972年の日中国交正常化を謳った日中共同声明により中国の戦争賠償請求権は全て放棄されたとする日本の認識・理解とは相容れない動きがある。

こうした状況が続く中で、日本企業の中国や韓国への投資は減少傾向にある。中国や韓国へ進出する企業数が減少もしくは規模が縮小すれば、日本の貿易相手と投資は他のアジア諸国を中心に振り向けられることとなるが、既に投下した資本の見返りを得る機会を失うことによる経済的損失は大きい。さらに、本来不必要な移転、あるいは分散投資は経済合理性を悪化させることも考えられる。

国家間の主張が平行線を辿る場合、世界各国の支持を取り付けることが有効である。中国は巨額の国費を投じて国営放送、中国中央電視台（CCTV）の英語放送により世界中で中国寄りの世論形成に努めており、韓国も慰安婦問題で日本を非難し、竹島の帰属問題を日本の歴史認識問題として自国の主張を正当化する活動を大統領が先頭に立って行うなどパブリック・ディプロマシーを積極的に展開している。

「主張に正当性があるなら黙っていても必ず主張が認められる」という日本的な考えは国際社会では通用しない。国土の安全保障は、こうした様々な問題を解決しつつ、主権国家として日本の国土と正当な権益を守ることが求められる問題である。

(2) エネルギーの安全保障

日本列島には天然資源が乏しく、石油や天然ガスなどのエネルギー資源、鉄や銅などの主要鉱物（メジャーメタル）資源、IT機器の製造に重要な役割を果たすレアメタルなど、どれをとってもほぼ全量を海外からの輸入に頼っている。エネルギー確保は、製造業、農業を始めとした産業活動、社会生活にとって重要な資源の大部分を海外に依存する日本の象徴的問題であり、石油や天然ガスなどのエネルギー資源の安定的供給確保と価格の安定は日本経済の根幹に関わる問題である。

エネルギー、鉄、銅などの資源確保は長らく日本経済のネックであり、20世紀前半に日本がアジア諸国への進出戦略を打ち立てた最大の理由が、石油や石炭などのエネルギーと鉱物資源の確保であった。アジア諸国への拡張戦略を強引に進める日本に対して、当時の日本の最大の石油輸入国であった米国が日本への石油輸出を禁じたため、日本の反発は強まった。結果として日本は、インドネシアの石油を始めとした資源確保のために軍事力を用いて南洋への進出を急ぎ、ドイツ、イタリアとともに「人類史上最大の悲劇」と言われる第二次世界大戦を引き起こす当事国となってしまった。

　エネルギーの安定的確保は、平和国家となった今も日本にとって経済の根幹に関わる問題であることに変わりはない。日本経済の核は「ものづくり」であり、エネルギーの安定的確保と価格の安定はグローバル経済の下で日本が生き延びていくために極めて重要なファクターであるが、〈グラフ7〉の通り日本はエネルギーの89％（2011年：原子力を含む）を輸入に頼っており、原子力を除いた場合は95％を海外に依存している。主要国の中でも韓国と並んで突出して依存度が高い。

〈グラフ7. 主要国のエネルギー輸入依存度（2011年）〉

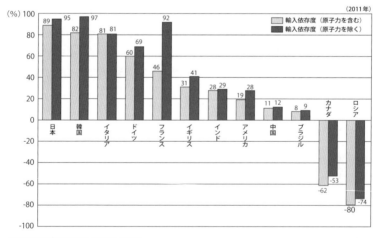

注： 下向きのグラフは輸出していることを表す
資料： IEA, "Energy Balances of OECD Countries 2013"、"Energy Balances of NON-OECD Countries 2013" 電気事業連合会

原子力の利用については、福島第一原子力発電所事故以降、原子力発電所の稼働に関して近隣住民及び地元自治体から理解を得ることが難しくなってきており、稼働率が大幅に落ち込んでいる。そのため、原子力発電の比率を高めることによりエネルギーの安定供給を目論んでいた政府、経済界、産業界の思惑は外れた。再生可能エネルギーへの転換も技術的課題、経済性の問題から一朝一夕には進まず、エネルギー戦略は軌道修正を余儀なくされている。したがって、当面は石油及び天然ガスの輸入量を増やさざるを得ない。

　米国はエネルギーの国内需要の約1／4を海外から輸入し、「世界の警察」として世界中の紛争に目を光らせ、中東の平和維持やスエズ運河、ホルムズ海峡、マラッカ海峡などシーレーンの安全を守っている。背景には、米国が第二次世界大戦後石油輸入国に転じ、自国に石油を安全に運ぶ必要があったという事情がある。また、世界唯一のスーパーパワーとして巨額の出費を伴う原子力空母を中心とした大艦隊を中東地域で展開する経済的余力があった。

　しかし今後、米国のエネルギー事情は劇的に変化することになる。米国は、これまで環境への影響懸念と2010年の国際石油資本のBP社のディープウォーター・ホライゾンの原油流出事故もありメキシコ湾およびアラスカ州の海底油田開発には慎重であったが、深海からの安全性の高い石油掘削技術が開発されたとして既に開発に向けて方向転換しており、増産体制が整えば米国の海外への石油依存度は減少する。また、友好国のカナダには大量のオイルサンドがある。精製技術の向上により大幅に供給量が増える見込みであり、メキシコやベネズエラなどの近隣諸国においても石油の増産が見込まれている。さらに、米国国内のシェールオイルの大量発掘によるコストダウンと精製、製品の質の均一化技術が向上すれば、財政難の折にわざわざ遠い中東地域から軍隊にシーレーンの安全確保をさせながら石油を運ぶ必要はなくなる。

　日本にとっての中東の石油資源の重要性は今後も大きな変化はないものと考えられるが、中東からの資源輸送には危険が伴う。スエズ運河、ホルムズ海峡、マラッカ海峡が航行の安全上の要とされるが、ホルムズ海峡とマラッカ海峡は日本への輸送航路である。今後米国艦隊が中東地域およびシーレーンにおける展開を縮小、または撤退する場合、中東地域から日本への輸送上の危険から誰がどのように安全を守るかが重要な問題となる。

　エネルギーに関する主要国の状況はそれぞれ大きく異なっており、中でも「持

たざる国」日本の状況は厳しい。前述の米国周辺の油田開発による増産はあるものの、世界的には従来型の資源の産出量はピークを迎えようとしており、一方では、中国やインドなどの新興国のエネルギー消費量は人口増加も手伝って大幅に増加することから、資源争奪戦は必然的に厳しさを増す。

天然ガスは、石油採掘時に一緒に産出されるが気体のために取扱いが難しく、かつては採掘現場で燃焼処理するしかない厄介者であったが、液化やガス・パイプラインなど効率のよい輸送技術が確立されると温室効果ガスの排出量が石油より少ないことも追い風となって世界的に利用度が高まった。

今日では石油、石炭と並ぶ重要なエネルギー資源であり、2011年の世界の第一次エネルギーに占める割合は石油32%、石炭29%に次ぐ21%を占める。産出国は石油同様に中東地域やロシアが中心である（IEA統計2013）。日本には尖閣諸島周辺を含む東シナ海の排他的経済水域（EEZ）に一定量が埋蔵されているが、中国との政治的緊張のため開発は進まず、今後も殆どを輸入に頼らざるを得ない。

ロシアからの天然ガス輸入量が大幅に増加したり、米国やカナダがシェールガスの輸出余力を持つまでになれば、日本の天然ガスの供給源のリスク分散が図られ、輸入国との価格交渉を行う上で有利に働くことが期待される。しかしながら、石油と同様に新興国の消費量と輸入量が今後大幅に増えることから、価格水準安定への効果は不明である。また、最大の供給源である中東からの輸送については安全確保の問題があり、安定供給の確保には多くの課題がある。

2013年1月にアルジェリアの天然ガスプラントがアルカイーダ系の武装テロ集団に襲撃され、プラント建設に従事していた日本人10名を含む37名の日揮関係者が犠牲になった。日本は資源を確保するために既にこうした危険地域にまで進出している。日本近海に豊富に存在するメタンハイドレートの商業的採掘が可能になれば、日本の国産天然ガスの供給量を飛躍的に増大させることができるが、現時点ではそこまでの目途はたっていない。

また、エネルギー問題を検討するときに石油、天然ガスにばかり高い関心が寄せられるが、石炭は石油に次いで利用度の高い重要な資源である。石炭は英国の産業革命において非常に重要な役割を果たし、1960年代に石油に抜かれるまで全てのエネルギー源の中で最大の構成割合を占めていた。石油の隆盛により石炭の使用は減少したが、1973年のオイルショックの時には利用が見直

された他、今日においても日本を含め世界的に製鉄用や発電用に利用されている。石炭は世界の第一次エネルギーの約3割を占めているが、日本でも約2割が石炭による。また、福島第一原子力発電所の事故により原子力発電所の稼働率が大幅に低下したことから、天然ガスとともに生産余力のある資源として再び注目されている。

中国はエネルギーの9割を自給しているが、高い自給率は石炭によるものである。中国の石炭への依存度70％（2011年BP調査）は主要国の中で群を抜いて高く、公害の原因ともなっている。インドや南アフリカも石炭依存度が高い。採掘可能な石炭は米国、ロシア、中国、オーストラリア、インドなどに広く分散し、世界中に数百年分もの埋蔵量があるものの温室効果ガスの排出量が他の資源よりも多いため利用拡大には慎重な国が多い。日本も石炭産出国であるが、九州、北海道にあった良質な石炭は既に掘り尽くしている。

なお、中国は石油の消費量の6割程度を輸入に頼っている。今後、石油と天然ガスを中心にエネルギー消費量が大幅に増加する見込みであり、海外依存度が急速に高まることが予想されている。中国が海外から石油と天然ガスの輸入拡大に躍起になる背景には、増大するエネルギー消費と石炭の利用により悪化し続ける公害に対処するためである。他方、温室効果ガス排出削減技術、あるいは排出したガスを地中の帯水層に閉じ込める方法が研究されており、そうした技術が向上すれば石炭の資源としての利用が再び高まることが考えられる。

本書では日本のエネルギー問題のポイントについて触れただけであるが、重要なことは日本がエネルギーを将来に亘って経済的コストで安定的に確保していくためには、様々な積極的な取り組みが必要になるということである。

中東からの輸送の安全性の確保については日本の憲法上の制約と巨額の費用問題により対応が制限され、資源の輸入先の分散化によりリスク分散を図る必要がある。一方、シェールガスについては、安定的に輸入するための投資、技術開発と採掘事業への参画を通して日本の輸入枠を確保していく必要がある。さらに、早期の根本的解決に向けてメタンハイドレートの商業ベースでの採掘や再生可能エネルギーの大量生産を可能にする技術開発を急ぎ、エネルギーの安定供給とコスト軽減を国家の重要施策として積極的に推し進めていく必要がある。また、再生エネルギーの技術開発・推進には巨額の投資が必要であり、民間資本による投資リスクについては政府の支援と投資リスクに対する受け皿

の構築が必要となる。

(3) 食料の安全保障

　序章において、世界の人口増に対して今後食糧供給が不安定になり、さらに不足する事態が発生する可能性が高いことを述べた。また、穀物価格が供給量不足により上昇すると、大量の穀物を飼料とする肉類及び乳製品の価格も連鎖で上昇し、社会生活に重大な影響が及ぶことになる。

　漁業資源についても、マグロやウナギなど既に幾つかの魚には顕著な資源量の減少傾向が現れている。日本は水産物についても需要の4割程度を海外から輸入しているが、資源量の減少と中国などの競争相手の出現によりこれまでのように簡単に購入できなくなってきており、価格も上昇傾向にある。海面養殖による増産が進められているが、世界の人口増加と肉類の不足を魚類により補おうという動きのために消費量の増大が予想され、需要を賄うことは次第に難しくなるものと予想されている。

　今後、世界は食料の争奪戦に突入していくことになるが、農林水産省によれば日本の食料自給率（2011年）はカロリーベースで39％、生産額ベースで66％に過ぎず、日本の状況は厳しい。〈表3〉は1970年以降のG7諸国のカロリーベースの自給率の推移を示したものである。

　G7の中では米国、カナダ、フランスが農林水産物の輸出国であり、表中にはないがオーストラリア（2010年カロリーベース自給率：182％）も世界的な食料輸出国である。また、ドイツも改善努力の結果、ほぼ自給できるまでに

〈表3. G7諸国の食料自給率　カロリーベース〉
(単位:%)

	1970年	1980年	1990年	2000年	2010年
日本	60	53	48	40	39
米国	112	151	129	125	135
カナダ	109	156	187	161	225
ドイツ	68	76	93	96	93
フランス	104	131	142	132	130
イタリア	79	80	72	73	62
英国	46	65	75	74	69

資料：農林水産省がFAO "Food Balance Sheets" に基づき試算（アルコール類は含まない）

なっている。日本と同様に国土の狭い英国やイタリアも7割程度を自給しており、日本の状況の厳しさは突出している。さらに重大な問題は、日本の食料自給率の低下傾向に歯止めが掛からないことである。

世界的な飢饉が発生した際には商業取引の原則を尊重しつつも現実的には自国の供給を優先することになるため、食料自給率の低い日本は大きな困難に直面する事態が想定される。最近の例では、2007年から2008年にかけて世界各地で飢饉が発生、穀物供給量が減少して穀物を中心に食料価格が急騰し、日本もその影響を大きく受けている。

自由経済市場における食料争奪競争においては経済力がものを言うが、1990年始めにバブル経済が崩壊して以降日本の相対的競争力は低下してきている。したがって、日本の農産物価格の優位がない現状では海外から食料を輸入する方が経済的であるが、長期的には日本の食料自給率を高めることが重要であり、そのための規制緩和と国家的経済資本の投下が必要となる。

生産量・価格とともにもう一つの重要な問題が食と環境の安全性の問題である。食糧生産の増大と安定性の向上のために米国を中心に遺伝子組換え作物の導入・拡大が進められているが、遺伝子組換えによる食の安全性と環境に与える問題の全てがクリアーされているわけではない。一方、米国とともに日本の重要な食糧輸入国である中国では耕作地の汚染が報告されている。食の安全性を求める場合には、日本と世界との生産物価格差を縮めて安心できる国産の農産物を大幅に増産するしかない。

日本の農業従事者数は、1980年には約700万人だったが、2000年には約389万人に減り、さらに2013年には約239万人にまで減少している。また、平均年齢は66.2歳であり、後継者がいない中で減少傾向に歯止めが掛からない[17]。日本の労働者の平均年齢は42.8歳[18]（2013年）なので、全産業の中でも特に高齢化が進んでいることが分かる。

高齢化の原因としては、日本の農業が小規模経営のために生産性が低く、海外からの輸入農産物価格に対抗できないこと、及び農業所得も低いために後継者がいなくなっていることが大きい。経営規模拡大が農業の収益性改善の重要な鍵となる筈であるが、皮肉なことに耕作放棄地は毎年急速に増大している。

---

17 農林水産省資料
18 厚生労働省資料

農林水産省によれば、2013年の耕地面積が453.7万haであるのに対して、耕作放棄地面積は40万ha（2010年）に達し、この面積は琵琶湖を含む滋賀県の面積に匹敵する。また、耕作放棄地は1990年から2010年までの20年間に2倍に増加しており、近年の農業の衰退ぶりが分かる。

　漁業従事者数も2008年には22.2万人であったが、2013年には18.1万人に減少しており、さらに65歳以上の漁業従事者は6.4万人で総数の35％に相当する[19]。農業ほどではないがこちらも高齢化が進んでいる。日本近海の漁業資源の減少もあり、日本は漁業も衰退しているのだ。

　貿易関税の原則撤廃を標榜するTPPへの日本の加盟について、日本の農業を守るために海外からの輸入農産物に掛けられている関税の取扱いが大きな問題となっている。TPPを締結しなければ農業を守れるという一部の主張に説得力はないが、TPPの条件次第で日本の農業および漁業の衰退に拍車が掛かることも考えられる。容易なことではないが、これを機会に農地の所有、相続、流通に関する抜本的な農業改革を断行し、価格面で大幅な改善を行うとともに、日本の農産物の安全性と高品質を武器に海外からの輸入農林水産物との競争に勝ち抜き、あるいは世界の富裕層への販売に活路を見出して日本の農業を守り、食料自給率の低下傾向に歯止めを掛けていくしか他に道はない。

　日本の農業の根本的問題は経営規模と形態にあることを述べたが、現在の小規模農業は戦後GHQの指示により導入された農地改革法により地主制度の解体と農地の所有制度改革を行った結果、農地が農業従事者に小さく分割されたことによる。小作農が自作農となり、生活基盤の改善と消費拡大が戦後の経済成長を後押ししたという点では大きな意味があったが、その後の急速な機械化の進展と肥料、農薬の発達により大規模経営が可能になると、耕作規模が小さく生産効率の上がらない日本の農業は間もなく国際的価格競争力を失った。また、農産物の流通においても農協の寡占体制が国際的競争力を高める芽を摘んできたと考えられている。

　こうした状況に対して政府が何も手を打ってこなかったわけではなく、食糧管理制度により米や麦などの価格及び供給量を管理し、海外からの輸入農産物に高率の関税を掛けるなどして日本の農業および食料自給率を維持しようとし

19　農林水産省資料

てきたが、問題解決には至らず、むしろ中核農家が育たず、農業の衰退と自給率の低下、後継者不足という事態を招いてきた。日本の農業問題と食料自給問題は小手先の制度変更ではどうにもならないことが既に明らかであり、現在の生産と流通の仕組みを根底から見直すほどの改革を行わなければ、状況の改善は望めない。

　また、日本人の食糧問題の認識・捉え方は国際的認識とは違いがあり、認識を改める必要がある。世界では食糧問題を人口増加問題、水資源問題及び気候変動に係る問題と深く関連付けて捉えているのに対して、日本では特に水資源との関連で捉える意識が希薄である。水資源は、飲料用水の確保はもちろん、農業、工業生産にも大量の水が必要となる。先に述べた新たなエネルギー資源と期待されるシェールガス、シェールオイルの採掘にも大量の水が必要になる。

　水資源には限りがあり、加えて地球温暖化による気候変動により乾燥地帯ではさらに降雨量が減少する傾向にある。そのため、世界的には農作物の増産が求められているにもかかわらず、穀物生産に必要な大量の水資源の確保が次第に難しくなってきている。牛や豚などの家畜を育てるにも飲料用はもちろん、飼料用穀物生産にも大量の水が必要になるため大きな影響が及ぶ。

　また、水資源の確保のために自然破壊を起こして取り返しのつかない問題を引き起こすこともある。中央アジアのアラル海は、1940年代以降、旧ソビエト連邦が綿花栽培のために水源であったアムダリア川とシムダリア川から水を大量に取水した結果、世界第4位の湖水面積を誇ったアラル海は現在では5分の1に縮小して大アラルと小アラルに分かれている。アラル海の縮小は現在も続き、今や大アラルは地球上から消滅する危機に瀕しており、周辺地域の水産加工業、工業、農業を始めとした全産業が壊滅した。

　また、複数の国を流れる国際河川では水資源の利用は国家間の重要な問題であり、下流に位置する国が不利益を被ったり汚染水が流れ込んだりする場合には紛争の原因ともなりかねない。

　海水を淡水化すれば水の供給量を増やすことができるが、そのためには大量のエネルギーを消費し、淡水化施設及び海辺の低地から高地へ水を送るシステムの建設などに多額のコストがかかる。そのため、海水の淡水化による水は飲料及び生活用水、工業用水の供給が中心的目的であり、農業への供給は余剰量を回す程度である。今後、海水の淡水化技術が向上し経済性が改善されるとし

ても、農業への水資源の供給問題が大幅に改善されることは期待できない。

　日本はコメ以外の穀物、野菜、果物、肉類などの食料を大量に輸入しているが、結果としてそれらの食料生産に使われた水資源を消費していることになる。〈グラフ8〉は世界各国の降水量と一人当たりの水資源量を比較したものである。意外に感じる読者も多いと思うが、日本は降雨量の多い国ではあるが、国土が狭く人口が多いことから一人当たりの降水量・水資源量は世界平均より大幅に少ない。また、大陸をゆったり流れる巨大河川もなく、地形上の問題から大規模なダムを建設して貯水することもできない。さらに、日本の降雨の特徴として、年間の降雨量の１／３から１／２は梅雨と台風により短期間に集中して降るため、雨は急峻な地形を一気に流れて数日で海に流れ出る。そのため、取水できる水資源使用率は２割程度に過ぎない（国土交通省）。

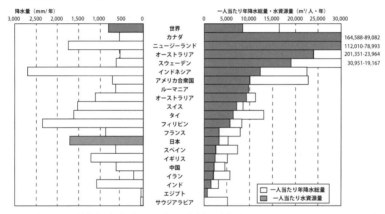

〈グラフ 8．水資源〉

水資源問題をグローバルな視点からみれば、日本では少雨の年に一部地域で水不足にはなるものの飲料水にはまず事欠かないが、日本も食料輸入を通して世界の水資源の争奪戦に参加しているということである。なお、日本の2009年の年間水使用量が815億m³、内農業用水が544億m³と推定されている[20]ので輸入食料の生産に要する水の量は年間数百億m³に相当することになる。

20　国土交通省水資源部推計

水を資源として計算すれば、日本の水資源は豊かとはいえず、使用量の数割を海外に依存している大口の水資源輸入国である。

2. 巨大自然災害と国土強靭化計画

2012年12月に自民党の安倍政権が誕生し、日銀が主導する2%のインフレ・ターゲットを定めたデフレ脱却のための金融政策や、政府主導による経済刺激策を始めとした幾つかの新しい施策が打ち出された。その中の重要な施策の一つが東日本大震災を契機に策定した「国土強靭化計画」である。

東日本大震災は未曽有の経済被害を出したが、今後起き得るとされる南海トラフ地震と首都直下地震の最大予想被害は東日本大震災を大きく上回る。中央防災会議は、南海トラフ地震について、M9.1の巨大地震と津波により、最大で死者32万3千人、建物全壊・焼失棟数238万6千棟、経済被害総額220.3兆円に達するとする推定を発表している[21]。また、首都直下地震についても最大で死者2万3千人、全壊・倒壊家屋43万棟、経済被害総額95.3兆円に達すると予測している。さらに、関東大震災と同じタイプの地震については、「当面発生する可能性は低い」とした上で、死者7万人、経済被害160兆円と試算している[22]。

気象災害についても、地球温暖化の影響により伊勢湾台風（1959年）のようなスーパー台風の襲来や、大雨により人口密集地を流れる利根川や荒川が氾濫する事態、大阪や名古屋の広い地域が高潮・高波で浸水する事態も想定されている。関東から関西にかけての太平洋沿岸地域は日本経済の心臓であるが、これら地域が広域に亘って被災すれば日本経済は麻痺する。こうした事態を未然に防ぎ、あるいは被害を最小限に抑えるために国土を強靭にする必要がある、というのが政府の方針である。

では、「強靭化」とはどのようなことを意味するのであろうか。「強靭」という言葉を国語辞典で調べると、「しなやかで強いこと」「柔軟で粘り強いこと」と説明されている。すなわち、国土の強靭化とは、災害には堅固な城壁のように強く、かつ打たれても野山の草木のように復元力のあるしなやかな国づくりをしていくことである。

---
[21] 死者、建物全壊・焼失棟数については2012年8月29日公表、経済被害については2013年3月18日公表
[22] 中央防災会議首都直下地震対策検討ワーキンググループ 2013年12月19日公表

世界的に見ても、日本ほど多くの人口と高額の経済価値が複数の巨大自然災害リスクに晒されている国は見当たらず、他に移転する場所もない中で、災害に強くかつ打たれても必ず復元できる体制の構築は、日本の最重要かつ喫緊の課題である。それを具体的に推進するための計画が国土強靱化計画であり、「経済社会の発展及び国民生活の安定向上を図るとともに、長期間にわたって持続可能な国家機能及び日本社会の構築を図ること」を目指している。

　国土強靱化基本法の基本理念として、次の3点が掲げられている。

　第1点目は、「経済等における過度の効率性の追求が人口及び行政、経済、文化等に関する過度の集中を生み、国土の脆弱性をもたらしていることから、それぞれの機能を適切に配置し、有機的に連携しつつその特性を生かして多極分散型の国土を形成する」こと。

　第2点目は、「地域間の交流及び連携を促進し、固有の文化及び自然条件等の特性を生かした地域振興を図り、経済の停滞、少子高齢化の進展、人口の減少等の我が国の直面する課題の解決に資するとともに、国土の保全及び国土の均衡ある発展を図る」こと。

　第3点目が、「大災害を未然に防止し、及び大規模災害が発生した場合の被害の拡大を防ぐとともに、国家及び社会の諸機能の代替性の確保を図ることにより、大規模災害が発生した場合における我が国の政治、経済及び社会の活動を持続可能なものとする」ことである。

　また、国家の基本的施策として、「東日本大震災からの復興の推進」の他、「将来の大規模災害への対応」「農山漁村及び農林水産業の振興」「離島の保全」を挙げている。大規模災害に対する対応としては、「円滑かつ迅速な避難」「建物の耐震化や密集市街地対策などの強靱な社会基盤の整備」「保健医療及び福祉等の確保」「原発の安全確保及び自然エネルギーの利用促進を含めたエネルギー供給の確保」「情報通信の確保」「大規模災害の危険分散のための工場その他の事務所の移転支援を含めた物資等の供給の確保」「全国的な高速交通網の構築と多軸型の国土形成による地域間の交流及び連携の促進」、そして、「大規模災害による国民生活及び国民経済への影響を緩和し、大規模災害からの円滑かつ迅速な復興を可能にするため、我が国全体の経済力を維持し、及び向上するための必要な施策を講ずる」としている。

　国土強靱化計画は、法律を定めて政府が都道府県、市町村とともに民間の投

資と協力を得ながら進めていこうという施策であり、国として巨大自然災害の脅威を認め、それに対して国を挙げて取り組むことの決意を表したものである。大型の自然災害に備えて対応すべき諸点が法律により網羅的に挙げられたのは今回が初めてであり、その意義は大きいが、法律の制定により初めて取り組みを開始するということではない。

　日本では、古くから治世の重要な政策の一つが災害の予防と被害の軽減であった。1400年前に建立された、現存する世界最古の木造建築である法隆寺五重塔には、地震の際、部材が互い違いに振動して揺れを吸収する柔構造が用いられている。これは現代の超高層ビル建築にも取り入れられている優れた構造である。神社仏閣などの大きな建物の建築方法や城郭の石垣の組み方などにも、耐震の工夫がみられる。火事の類焼を食い止めるために江戸の町には町火消しが組織されていた。古来より海沿いの地域では津波及び高潮対策として防潮堤の建設や海岸線と集落の間に植林をして津波の勢いを和らげるための工夫が行われている。

　洪水に対する治水対策と灌漑も、統治の最重要課題の一つとして古くから取り組まれている。奈良時代に東大寺の大仏の建立に当たった僧の行基は畿内で多くの治水・灌漑事業を行い、真言宗の開祖空海も香川県の満濃池の改修に携わるなど治水・灌漑事業を多く手掛けている。また、優れた武将は優秀な行政官でもあり、災害対策にも積極的に取り組んでいる。武田信玄は、甲府盆地の底部に位置する笛吹川と釜無川の合流地点である竜王の高岩（竜王鼻）に「信玄堤」と呼ばれる堤防を築いて水害対策に力を入れ、領民の生活と作物収量の安定化に努めている。墨俣城を一夜で築き、高松城を水攻めにした土木工事の天才豊臣秀吉は、「太閤堤」を築いて宇治川の治水と京都と大坂間の交通路を作っている。さらに、「坂東太郎」の異名を持つ利根川はかつて洪水を繰り返していたが、徳川家康は、洪水対策と新田開発、水運整備を目的に河川改修を重ね、江戸湾に注いでいた水路を千葉の銚子に通水するように改修した。これにより、江戸の町の洪水リスクが大きく軽減され、さらに水運が整備されて世界的大都市に発展する礎が築かれている。

　1000年以上の長きに亘って進められてきた防災対策も未だ完成には程遠く、東日本大震災では大津波が防潮堤を次々に乗り越えて内陸深くまで進入し、大きな被害をもたらした。また、河川の堤防整備率は6割に過ぎず、残り4割

は未整備である（国土交通省、2005年3月時点）。さらに、現在ある堤防の高さや強度が十分であるのか、という点については東日本大震災を教訓として見直す必要があり、終わりの見えない作業である。

　日本の巨大自然災害リスクは、財政問題、国土、エネルギー、食料の三つの安全保障問題や次に挙げる少子高齢化社会に関連する諸課題の解決と同様に、日本が抱える重大な問題である。しかしながら、自然災害リスクは他の重大課題とは本質的に異なるリスクである。

　つまり、基本的には神の仕業であり、地震や気象災害のエネルギー（破壊力）そのものはコントロールできない。また、他のリスクのように日々状況を見守りながら対応できる問題ではなく、地震や台風、洪水などの災害想定を行い、それに基づいて準備しなければならない。

　「天災は忘れたころにやって来る」は、物理学者であり文化人でもある寺田虎彦の言葉であるが、人の習性を表した名言である。阪神・淡路大震災の直後には巨大地震の脅威が叫ばれたが、暫くすると多くの人は関心を失った。東日本大震災の記憶も次第に風化していくであろう。

　我々は、「いざ」という事態に対して「命さえ助かれば」という意識が強く、経済的備えの必要性が軽視される傾向があるが、国土強靭化の必要性は東日本大震災の教訓であり、平時より防災・減災対策と、大災害が発生してもしなやかに復元するための経済的備えの拡充に努めていくことが重要である。

　リスクに対する認識の甘さは日本人の特徴的問題であり、国家財政問題や前述の三つの安全保障問題同様に自然災害リスクについても顕著である。認識の甘さと備えの拡充の必要性については、第4章及び第5章で詳しく検討する。

3. 人口減少と少子高齢化社会

　世界のエネルギー危機や食料危機は人口増加が大きな要因となっているが、国単位で見た場合には別の問題がある。移民の流入により今後も人口増加が見込まれる米国及び出生率が2.0を超えているフランスを除く多くの先進諸国では、人口の減少と高齢化社会への対応が国家財政と経済に大きな影響を及ぼし始めている。

　世界の人口は、大飢饉や疫病の蔓延、世界大戦などがあった年を除いて着実に増えており、18世紀の産業革命以降は急激に増加している。そして、二つ

の世界大戦を経て社会が豊かになり、女性の人権と働く権利が認められるようになると女性一人当たりの出産数は減少し、先進諸国では人口減少が始まろうとしている。日本は一足早く2008年に1億2800万人で人口のピークを迎え、これまで世界の主要国のどこも経験したことのない少子高齢化に伴う様々な課題に最初に直面することになる。

　政府の問題意識も強く、国土強靭化計画の基本理念の2点目として、地域振興、経済の停滞に対する対応とともに、少子高齢化の進展・人口減少を具体的課題として挙げている。

　〈グラフ9〉は、日本の人口について、総務省が1950年から現在までの推移と2060年までの推計を纏めたものである。これによれば、2060年には日本の総人口は8,674万人にまで減り、14歳以下人口および15〜64歳人口の割合が低下する一方で65歳以上人口の全体に占める割合、高齢化率は現在の23.0％から39.9％にまで拡大する。少子高齢化による人口の減少、特に生産年齢人口の減少と高齢化率の上昇は、年金財源及び社会福祉制度を始めとした社会保障費の増大を招き、巨額の国家財政赤字の最大の要因となっているが、現在の4人の生産年齢人口で1人の高齢者を支える状況から将来は2.5人で1人の高齢者を支える状況に悪化することになる。

〈グラフ9．日本の少子高齢化社会の進展〉

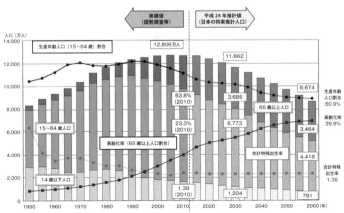

出典：総務省「国勢調査」及び「人口推計」、国立社会保障・人口問題研究所「日本の将来推計人口」
（平成24年1月推計）：出生中位・死亡中位推計」（各年10月1日現在人口）、厚生労働省「人口動態統計」

出生数で見た場合、戦後の第一次ベビーブーム（1947-1949）には年間270万人、第二次ベビーブーム（1971-1974）には年間200万人であったが、2014年は100万人にまで減少している。また、2014年の日本の合計特殊出生率は1.42であり、人口を維持するために必要とされる2.08を大幅に下回っている。今後出生率が改善するとしても人口構造を釣鐘型に戻すまでには数十年の歳月を要する（厚生労働省調査）。

　少子高齢化社会の重大な問題は財政問題である。労働人口の減少に伴いGDPが伸びない中で、高齢者人口の増加による年金、医療などの社会保障支出は増大する。このままでは財政不均衡が限界を超え、早晩国家財政は破綻する。あるいは、年金基金収入を支える若年層が拠出を拒否すれば社会保障制度は崩壊する。したがって、平均寿命が延び、増加を続ける生産活動期を終えた人口を、減少し続ける64歳以下の生産年齢で養うためには社会保障制度の大幅な見直しの他、様々な対応が必要となる。

　社会保障制度の改革が実現したとしても、問題はこれに止まらない。地方の市町村の多くが既に過疎問題を抱えているが、少子高齢化と人口減少はこの問題に拍車をかけることになる。65歳以上の人口が5割を超える集落は「限界集落」と呼ばれるが、限界集落では生活道路や用水の管理、地域の互助で運営されてきた田植えや稲刈り、冠婚葬祭などの共同生活社会の運営が難しくなる。そうした集落には子供はいなくなる。また、限界集落では住居が広く分散し、交通の便の良くないところに独居老人や病身者が多くなることから、医療、介護、生活支援を含めた行政コストも増加する。

　こうした状況を回避するために、いくつかの地方都市では市街地の規模を小さくして住みやすい「まちづくり」を目指すコンパクトシティー構想が検討されている。また、地方の活性化のために様々な手法が検討・導入されており幾つかの成功事例も紹介されているが、日本全体としてこの問題を解決していくためには、出生率の向上により人口減少に歯止めをかける他ない。

　そして、山村で起こっている問題は次第に地方都市、やがては大都市にも及んでいくことになる。

　少子化は地方に特徴的な現象ではなく、実は大都市圏の女性一人当たりの出生率は地方より低い。大都市の人口がこれまで維持されてきたのは地方から大都市へ生産年齢人口が移動してきたためであるが、今後は地方には供給する生

産年齢人口が少なくなるため、問題は次第に大都市にも及ぶことになる。

　また、人口減少、特に購買力の旺盛な労働人口を中心とした人口減少は、消費の減少と経済の後退、労働力不足によって日本資本の海外流出を招くことになる。日本の国内消費が将来的に小さくなるとしても海外市場への輸出の増大により補えばよいという考えもあるが、経済基盤の強固な国は国内に安定した大きな市場を擁しており、日本の内需比率は先進主要国の中では米国に次いで高い。すなわち、日本経済はこれまで強く安定した内需によって支えられていたのである。〈表4〉は、G7諸国に中国と韓国を加えてGDPに対する輸出依存度を比較したものである。

〈表4. 2012年　G7＋中国、韓国　輸出依存度〉

（金額：10億ドル）

国名	名目GDP（IMF）	輸出総額（CIA）	輸出依存度（％）
米国	16,245	1,612.0	9.9
日本	5,938	792.9	13.4
ドイツ	3,428	1,492.0	43.5
フランス	2,613	567.5	21.7
イタリア	2,014	483.3	24.0
カナダ	1,821	481.7	26.5
英国	2,484	481.0	19.8
中国	8,229	2,021	24.6
韓国	1,202	548.2	45.6

資料：IMF統計、米国中央情報局（CIA）"The World fact Book 2012"

　面白いことに、日本と同様に規模の大きな工業先進国であるドイツはG7中で最も大きく貿易に依存しているが、これは多分にドイツの置かれた地理的環境による。欧州は元々関税障壁が低く交易と人的交流が盛んであり、さらにEU経済圏の確立によりEU全域が自国経済圏と同化してきていることから、日本とは経済市場の地域的広がりが大きく異なっている。また、海外からの労働力の受け入れに柔軟なことから、企業が生産拠点を国内に温存する環境が日本より整っていることなどの構造的違いがある。

　ただし、日本の労働事情を考えた場合に、労働力不足という指摘は当たらないとする反論が考えられる。実際、リーマン・ショック以降労働市場は冷え込み、影響は少子化の影響により大幅に減少している新卒者の採用にも及んでい

る。すなわち、不況と企業経営の合理化により、数十年前の1／3から1／2程度の新規労働需要さえ十分に満たせない状況になっている。背景には、定年延長、日本の賃金水準、企業の社会保険負担に加えて、国際的競争力の維持・向上を阻害する様々な要因があるが、出生率が向上しても生産年齢に達したときに仕事がなければ、問題改善どころかむしろ社会の経済負担はより重くなる。12ページの〈表1〉では、「高失業率／不完全雇用」が重大なグローバル・リスクとして挙げられていたが、日本でも断ち切らなければならない構造的労働問題がある。

　戦後の日本経済は、日米間の貿易問題、為替、資源価格の急激な高騰など厳しい経済環境に直面することが度々あったが、その都度危機を乗り越えてきた。危機を乗り越えることができた重要な原動力が、規模が大きく安定的な日本の国内経済であったといえる。今後、TPPへの加盟による環境変化があるとしても、近い将来において日本の経済・産業構造が劇的に変わることは想定されない。したがって、少子高齢化と人口減少に伴う消費のマイナス面については、それを補って余りある経済成長を経済の豊かさの向上（一人当たりの消費の拡大）と着実な外需の拡大による両面対策により達成していく必要がある。

4．規制・制度と「六重苦」

　経済がグローバル化して、多くの日本企業が世界を相手に商戦を繰り広げている。世界中の企業が同じ土俵で競うのがフェアであるが、現実にはそうならない。各国の天然資源の有無、市場規模、労働事情、生産コストも異なる。さらに、自国産業の保護・育成、雇用の確保、税収の確保、消費者保護など達成すべき目標や守るべきものがあり、各国がそれぞれの事情で貿易関税に関わるルールを定める他、事業認可と運営、資本に関する要件、法人税率、監督、社会保険負担など様々な事柄についてルールを定めている。

　また、本来国家の目標達成や産業を育成するために導入されたルールであっても、時代の流れと世界経済情勢の変化により見直しが必要になる。

　「ものづくり」は日本経済の基盤であるが、現在の日本企業が抱える問題の一端として、日本特有の複雑かつ硬直的規制・制度により企業活動や研究開発が様々な制約を受け、諸外国の企業との競争において不利な立場に立たされているという問題がある。「岩盤規制」とも呼ばれる日本の現行規制・制度は既

に重度の動脈硬化を起こしており、これが経済・産業リスクとなっている。加えて、日本企業が直面する六つの問題、すなわち「円高」「高い法人税率」「労働規制」「自由貿易協定の遅れ」「温室効果ガス削減」「電力問題」は、これらを纏めて「六重苦」と呼ばれる。

なお、「円高」については、本書執筆時点で解消され、代わって為替の急激な変動が企業経営の負担となっているが、日本は戦後の経済発展過程において幾度となく円高により苦境に立たされている。将来に向けて円高リスクが解消されたわけではなく、本書においては引き続き「六重苦」の一角として論ずる。

(1) 規制・制度

戦後の55年体制の下、日本の特徴的な規制・制度として、国内産業の育成と海外企業との競争からの保護を目的として通産省が主導した「許認可制度」と、経済の基盤である金融システムの安定のために大蔵省が行った金融機関に対する「護送船団行政」を挙げることができる。

「許認可制度」は、日本が戦争で資本力や生産力の殆どを失い、産業基盤が極めて脆弱であった戦後間もない時期に、外国企業による日本市場への参入に一定の制限を加え、日本企業の国際的競争力を育成する上で有効に機能した。また、「護送船団行政」は、金融のそれぞれの業態における最も弱い金融機関が潰れないように規制を定めて監督を行うことにより、金融不安を起こさないようにする上で有効であった。

ところが、グローバル・スタンダードの下で経営の効率化とスピーディーな展開が強く求められる今日では、半世紀以上も前に定めた規制内容と煩雑な手続きが障害となっており、新商品開発や製品コスト（製品価格）にも影響が及んで逆に日本企業の国際競争力を削ぐものとなっている。福島第一原子力発電所事故により注目度が高まった電力の発電事業と送電事業の分離、電力の買い取り制度、世襲以外の就農に関する制限、農産物の流通制度、海外で安全性が確認された医薬品の認可スピードなどは、日本の規制・制度が経済の合理性向上の妨げになっている代表例である。

もっとも、これまで規制緩和は行われなかったわけではなく、折に触れてその必要性が叫ばれ、実際に何度も制度が見直されてきた。中曽根康弘内閣（第二次～第三次）の時代には電気通信事業の自由化、電電公社の民営化（1985年）、

国鉄の分割民営化（1987年）が断行され、郵政事業についても2005年に小泉純一郎首相（当時）による衆議院の郵政解散総選挙を通して民営化が行われている。

　日米間の貿易不均衡問題是正のため、1989年から1990年にかけて5回開催された日米構造協議を始めとした諸外国との協議、規制緩和を求める様々な国内世論を受け、幾つかの分野では事業認可の内容と手続きの緩和・簡素化及び外国資本の日本市場への参入障壁の引下げあるいは撤廃が行われている。最近では、食料品や医薬品の輸入条件の緩和、関税の引下げなどの規制緩和も行われている。しかしながら、これらの規制緩和は、焦点となった分野、問題に限定され、制度の全体像、あり方を根本的に見直すまでには至っていない。

　一方、規制緩和が常に芳しい結果をもたらしてきたわけではなく、規制緩和や行政による保護・管理政策の転換により問題が発生したこともある。例えば、大蔵省の護送船団行政の方針転換とバブル経済の崩壊が重なった結果、1990年代半ばには、多くの金融機関が経営破綻に追い込まれる事態になった。1997年から1998年の僅か1年程の間に北海道拓殖銀行、日本長期信用銀行、日本債券信用銀行、山一證券、三洋証券の他、地方銀行や中堅の生命保険会社などが次々と不良債権の増加や株価低迷の煽りを受けて倒産した。経済的な混乱はそれに止まらず、日本を代表するメガバンクにも公的資金が投入されるなど、事態は金融危機に発展した。

　1990年代後半の日本の金融機関の混乱は、規制緩和や行政方針の転換が原因であるとまでは言い切れないが、これまでは起きなかった事態の発生は、それまでの規制および行政による管理・監督が経済基盤の安定と市場秩序の維持に一定の寄与をしてきたことの証でもある。

　米国にも規制制度の役割を具体的に示す例がある。米国では世界恐慌を招いた教訓から1933年にグラス・スティーガル法を制定して銀行業務と投資銀行業務を分離し、金融経済が過度に過熱することを抑制していた。ところが、欧州や日本の金融機関が信用取引の拡大を通して大きな利益を上げる光景をみせつけられ、1999年にグラス・スティーガル法を廃止した。それ以降、不動産担保証券（MBS）や債務担保証券（CDO）などの手法が歯止めなく用いられ、住宅サブプライムローン問題を深刻化させる大きな要因になったとされる。

　リーマン・ショックが世界的経済危機に発展したことから、行き過ぎた規制

緩和は当然見直されることとなる。そこで、G20首脳会議において危機防止のための金融制度改革の推進が確認され、2010年9月に策定されたバーゼルⅢ[23]協定により「資本水準の引上げ」「資本の質の向上」「リスクの捕捉の強化」を柱とした国際ルールが導入されることとなった。これにより、銀行（国際統一基準銀行）は新しいルールに基づいて2015年1月以降自己資本比率などの指標の開示が求められることになった。

規制と監督は経済や人間の行為の行き過ぎを抑えるために必要であるが、一方、時代に合わない過度な規制はグローバルな経済社会の変化に対して有効な対応を遅らせ、ひいては産業や経済を衰退に導く。日本の現行規制・制度は、リーマン・ショックに対して無力であったことから、既に全体としては時代遅れの制度になっていると言わざるを得ない。また、人口減少による日本の国内市場の縮小が見込まれるにも拘らず、相変わらずこれまでの国内市場の秩序維持に過剰な意識が払われ、世界経済がダイナミックでスピーディーな変化を行っているときに、複雑な制約と煩雑な手続きのために企業が機動的に対応できない事態を招いており、多くの内容で変更が必要になっている。

日本独自の規制・制度の対語として和製英語のグローバル・スタンダードという言葉が使われるようになったのが1990年代であり、既に20年ほど経過したが、世界基準の制度や事業環境が整備されたのはごく一部に過ぎない。TPPでは関税問題を中心に統一的ルール導入が協議されるが、規制を継続・強化すべき諸点と柔軟にすべき諸点を早急に整理し直し、制度変更に関する要件の緩和を含めて諸制度を抜本的に見直す必要がある。

（2）六重苦

2000年代初めまで日本が世界をリードしていた家電、半導体、IT関連、鉄鋼、造船などの産業は、既に諸外国の企業に圧倒されている。日本の発明と最先端技術により世界に先駆けた液晶パネル、リチウムイオン電池、太陽光発電パネル生産についても、数年前まで圧倒的シェアを持っていたが、既に生産量では後発のライバル国に抜かれた。銀行も1980～90年代には世界の上位行リストに米国の銀行とともに邦銀が多く名を連ねていたが、今では中国の銀行が上

23　バーゼルⅢ協定：主要国の金融監督局で構成する「バーゼル銀行監督委員会」が、国際的に業務を展開している銀行に対して求めた経営の健全性を維持するための新たな自己資本規制のこと。

位を占め、米国の銀行がそれに続く。自動車はリードを保っているが、日本国内で生産して輸出するスタイルから海外での生産比重を高めることによりその地位を維持している。日本後退の要因は何であろうか。

　日本経済の屋台骨を支えているのは中小企業であるという言い方がよくされる。全国の中小企業は約 385 万社を数え、企業数全体の 99.7％を占め、雇用者数は 2,433 万人に達し、総労働人口の 63％を占める[24]。中小企業の経営は合理性では大企業に及ばないが、経営の柔軟性と小回りの良さがあり、互いに競い合う中で完成度の高い日本製品を作り出している。一方、財務体力の弱い中小企業は大企業以上に日本の制度・構造上のリスクに敏感である。そして、企業が毎日の事業運営の中で苦しい対応を求められる六つの大きな課題が「円高」「高い法人税率」「労働規制」「自由貿易協定の遅れ」「温室効果ガス削減」「電力問題」である。言い換えれば、これらの課題を上手く乗り越えなければ、中小企業群を中心とする日本企業群は国際競争に勝ち残れないということである。

i. 円高

　リーマン・ショック後に日本を襲った急激な円高は解消されたが、戦後の日本経済と企業経営に幾度となく困難をもたらしてきた重大な要因が円高である。特に、海外から原材料及び燃料を輸入し国内外に製品を販売する製造業にとって、円高は国際競争力を減じる重大な要因となる。ここでは、円高を中心に為替の急激な変動が経済と企業経営に及ぼす問題について検討する。

　第二次世界大戦末期の 1944 年 7 月に米国ニューハンプシャー州ブレトン・ウッズで連合国通貨金融会議により締結（1945 年発効）された協定（ブレトン・ウッズ協定）により、金本位制に基づきドルと各国通貨の交換比率を定め、日本円は 1 ドル＝ 360 円とされた。その後、1971 年にドルと金の交換を停止したニクソン・ショックを経てスミソニアン体制へ移行、さらに 1973 年にキングストン体制として知られる現在の変動相場制に移行した。戦後の復興から 1973 年 10 月のオイルショックまでの高度経済成長期の日本は円高との戦いでもあったが、生産性の向上と自動車などの省エネルギー製品と高い完成度の

---

24 中小企業庁「中小企業白書（2014 年版）」

達成により相次いだ円高危機を乗り切ってきた。さらに、1990年代の半ばにはバブル経済の余韻の残る日本と低迷する米国経済との貿易収支調整のための円高を経験したが、それも乗り切ってきた。

そして、リーマン・ショックにより再び急激な円高が進行し、一時期1ドル＝80円を切った。経済不況とデフレが長引く中で、日本企業に与えたダメージは非常に大きかったが、2012年末の第二次安倍政権誕生のアベノミクス政策と日本銀行による大胆な金融緩和策「異次元金融緩和」により資金供給量（マネタリーベース）を2年で2倍に拡大する方針を発表し、それまでの円高状況は解消されている。しかしながら、日本の名目金利水準が相対的に低いことから、ドルやユーロなどとの金利水準の是正（引上げ）によって再び度を超えた円高基調に戻ることも考えられる。

日本経済の実力を反映したあるべき為替相場については様々な見方がある。円高であることは日本経済と通貨「円」の強さ、安定性に対する信頼の高さを示すものでもあり、多少の円高であれば円高はマイナス面ばかりではない。一方、円安は原材料を海外から輸入して製造した製品を国内外で販売する上では国際競争上有利に働くが、円高とは逆に日本経済と「円」の信頼性が低下することから同様にマイナス面もある。適切な水準が長期間維持されることが望ましく、急激な円高・円安の進行と過度な為替水準が長期間続けば経済活動には必ず重大な問題が生じる。

企業は急激な円高に対しては、金融市場に為替ヘッジを行うことによりリスク移転が可能であり、また準備金や金融機関からの借入れなどにより一定の対応が可能である。しかし、円高が長期間に及ぶ場合は、生産性の向上、もしくは付加価値を付けて差別化を図るなどの対応が求められ、上手く対応できない場合には市場から淘汰されるか、有利な通貨を使用する市場に移転せざるを得なくなる。実際に、これまでの長期の円高期において、日本から中国やASEAN諸国を中心に海外への工場移転が進められている。日本経済の空洞化がさらに進めばシステミック・リスクが発生し、日本経済の基盤崩壊を招きかねない。また、急激な円安についても状況が長期化すれば日本経済と円の国際的信頼性低下により困難を招くとともに、海外投資の負担が重くなる。さらに、円高に反転する場合のショックが大きくなる。

政府及び日本銀行は、日本経済の実力を上回る長期的円高が発生した場合に

は水準是正のための手立てを講ずる必要があるが、為替操作には限界があり、企業は少々の円高・円安が一定期間継続してもそれに耐えられるように備えておくことが求められる。

〈グラフ 10. 対米国ドル為替レート（1950 年以降）〉

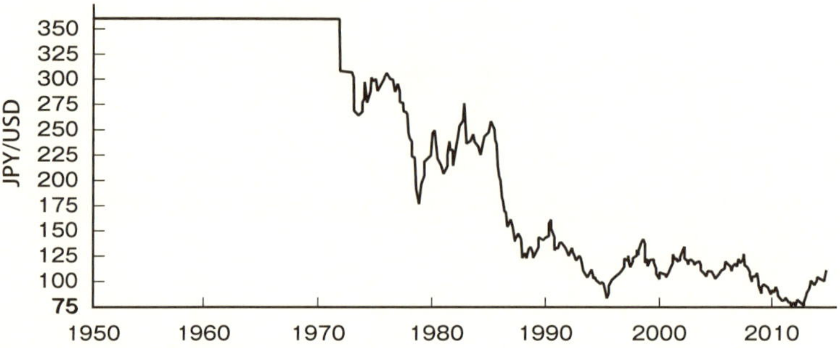

出典：Wikipedia: http://ja.wikipedia.org/wiki/%E5%86%86%E7%9B%B8%E5%A0%B4

ii. 高い法人税率

〈グラフ 11〉は KPMG 社による 2014 年の世界各国の法人税率調査から主要国を抽出してグラフ化したものであるが、世界の法人税率の平均的水準が約 24％（OECD 平均：24.11％、世界平均：23.48％）とされる中で、日本の税率 35.64％は米国に次いで高い。

また、〈グラフ 12〉は 2000 年から 2014 年までの OECD（平均）と日本の法人税率の推移をグラフにしたものである。2000 年の OECD の平均法人税率は 32.91％、日本は 42％であったが、その後 2014 年までの 12 年間に OECD 平均が 8.8％引下げられたのに対して日本の引下げ幅は 6.36％に止まる。その結果、2000 年当時日本と OECD の法人税率の差は約 9％であったのに、2014 年にはその差は 11.53％に拡がっている。元々法人税率が高かった日本の引下げ幅が日本より法人税の低い国々の引下げ幅を下回るのでは、日本企業の相対的最終利益率の低下と翌年以降の事業展開において資金量に差が生じ、数年もすると競争力の大きな差となって表れてくる。

〈グラフ11. 2014年主要国法人税率（%）〉

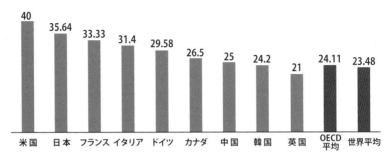

資料：KPMGインターナショナル2014年世界法人税・間接税調査

〈グラフ12. OECD（平均）と日本の法人税率の推移　2000 － 2014〉

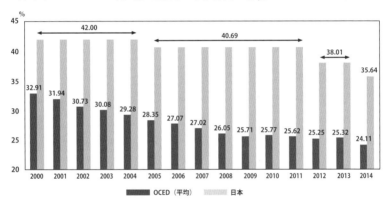

資料：KPMGインターナショナル2014年世界法人税・間接税調査

　企業の最終利益計算について、各国の企業会計制度は一様ではなく、間接税の有無と水準、設備投資や研究開発費用の取扱い、社会保険料の企業負担割合などが異なる。また、日本にも優遇税制が適用される部分がある、という指摘はあり得る。しかしながら、主要各国との法人税率の絶対的な差により、日本企業の最終利益を過度に抑制して国際的企業間競争において大きな足枷になってきたことは明白であり、国際的ビジネスに従事する実務者の実感でもある。

　特に、資産運用及び金融事業では、法人税率の差はそのまま国際競争力の差となる。日本は国際金融事業においてアジアのハブとなることを目指しているが、世界的に高い法人税率が適用される上に低金利の日本市場に、海外から大きな資金を呼び込んで活発な投資と国際間の資金移動を行うような市場を作る

ことなど無理な話である。反対に、タックスヘイブン対策税制はあるものの、日本の資金はより大きな最終利益を求めて海外に流出する傾向が強まることになる。

　主要国の中では英国が現在段階的に法人税率引下げを行っており、2008年には30％であった税率が2014年には21％に引下げられた。また、ドイツは、2007年が38.36％であった水準が2008年に一気に30％を切る水準に引き下げられている。間接税のない米国の法人税率は高水準であるが、米国政府も連邦法人税率を35％から一気に28％に引下げ（総法人税率は40％から33％に引下げ）、国内製造業の税率をさらに3％低くする方針を打ち出している[25]。日本では30％を切る水準に段階的に引き下げることが検討されているが、世界の動きに後れを取らないように追加引下げを行わなければ日本企業はさらに厳しい状況に追い込まれることになる。

iii.　労働規制

　少子高齢化が進む中で労働力不足が懸念されるが、一方では平均寿命が延びて健康な高齢者が増え、女性労働力には潜在的に余剰があるので、短期的には労働力不足は解決できる。また、厚生年金の支給開始が60歳から65歳に引上げられる中で、定年を延長すれば65歳までの無収入期間を埋めることができ、貴重な経験と技能を活用することができる。さらに、企業の解雇権の制限や30日以内の派遣労働を原則禁止とすれば、正社員や派遣労働者の権利の保護と処遇の改善を進めることができる。目指すべき方向性としてはどこからも異議は出ないと思うが、企業が法律で縛られることにより経営状況に応じて柔軟に対応することが難しくなるため、目的とは裏腹に企業と労働者側の双方にとって厳しい状況が生まれている。

　すなわち、定年延長については誰を受入れるかという企業の経営判断を侵し、人件費の増加を招くとともに、就労機会が減少している若年層の雇用の機会を奪う深刻な構造的問題を生んでいる。加えて、年金制度の改正により企業負担が増大している。また、短期間の派遣労働を禁止したために、企業は派遣労働者の雇い入れに慎重になり、逆に就労の機会を奪うケースも出ている。同時に、

25　2016米国会計年度（2015年10月～16年9月）の予算教書における提案、日本経済新聞電子版2015年2月3日

企業にとっては短期的需要の変動に応えられなくなる事態を招き、負の循環を起こしている。

　企業にとって、高齢者の活用促進や派遣労働者の処遇改善を図っていくことは社会的公器として重要な使命である。しかしながら、企業経営は事業の継続と株主を中心としたステークホルダーの利益の極大化という重要な使命の達成を前提としており、少子高齢化問題による社会制度のひずみの解消とあるべき雇用条件の追求から企業に求められる負担増は、企業の利益を過度に圧迫し、国際的競争力を低下させる一因となっている。

　日本の国土強靭化のためには企業活力を最大限に引上げることにより好循環を生み出すことが重要であり、厳し過ぎる労働規制は企業活力を低下させ、同時に日本の将来のために最も重要な若年層の就労の機会を大きく損なう状況を招くことにもなりかねない。労働規制は、企業活力を損なわない範囲内で検討・実施される必要がある。

iv. 自由貿易協定の遅れ

　戦後の日本経済の急成長の背景には、東京オリンピックが開催された1964年に開通した東海道新幹線により東京－大阪間を4時間で結んで関東、中部、関西と分かれていた経済圏を一つに統合したことがある。

　そして今、大量かつ高速な輸送手段、携帯電話やeメールなどの通信手段や高速・大容量のIT技術の発達により経済が急速にグローバル化し、かつて国を単位としていた経済は、自由貿易圏を形成して拡大した。EUは、28カ国（2015年6月時点）もの欧州の国々が集まって大きな地域経済圏を構成し、相互に貿易関税を撤廃し、単一通貨ユーロを使うなど経済圏は国境を越えて拡大している。また、国の枠を超えた経済機構としては、10カ国が参加する「東南アジア諸国連合（ASEAN）」、3カ国が加盟する「北米自由貿易協定（NAFTA）」、5カ国が加盟する「南米南部共同市場（Mercosur）」など、世界中で幾つも経済機構が作られている。

　もう一つの世界の潮流は、自由貿易協定（FTA：Free Trade Agreement）である。FTAは、貿易関税及びサービスを含むその他の制限的通商上の障壁を取り除く二国間以上の国際協定である。日本が2013年に協定協議に加わった「環太平洋戦略的経済連携協定（TPP：Trans-Pacific Partnership）」は、複数国間の

FTA であり、協定加盟国間での原則として例外を認めない形の貿易関税の相互撤廃を目指している。さらに、FTA の範囲を物流のみならず、人の移動、知的財産権の保護、投資などの幅広い分野に拡大して協力、連携を目指す発展形として「経済連携協定（EPA：Economic Partnership Agreement）」の締結協議も各国間で活発に行われている。

　FTA や EPA のメリットは、自由貿易の促進による協定国間の産業規模の拡大（スケール・メリット）、合理的な産業構造の構築や生産拠点の確保、それらによる生産性の向上、投資拡大やサービスの向上、経済の相互発展などが挙げられる。一方、デメリットとしては、自国の産業に競争上の優位性がない場合、相手国に産業や生産拠点が移転する可能性がある。したがって、FTA や EPA の加盟や条約締結については、相手国がどの国であるのかということによってメリット、デメリットが異なり、当然加盟及び条約締結の可否、対応もそれによって異なってくる。

　とは言っても、FTA、EPA は既に世界経済の潮流であり、世界最大の経済圏・経済大国であり、経済の約 9 割を内需に依存する米国（75 ページ〈表 4〉参照）も積極的に参画することで自国の優位性を高める戦略をとっている。実際、TPP は当初シンガポール、ブルネイ、チリ、ニュージーランドの 4 カ国の経済協定として 2005 年に発足したが、2010 年に米国、オーストラリア、マレーシア、ベトナム、ペルーが参加して 9 カ国になり、新たに日本とカナダ、メキシコが加盟の意思表明を行っているが、加盟交渉においては米国が主導的な役割を担っている。一方、中国や韓国は、諸外国や EU との FTA 締結に積極的で、双方向の経済活動の拡大に向けて働きかけを強めている。

　また、米国と EU の間では「環大西洋貿易投資パートナーシップ（TTIP：Transatlantic Trade and Investment Partnership）」の交渉開始に向けて準備が進められている。それぞれの国には自国の立場を有利にするために思惑や戦略があり、すぐに世界中の国々が TPP や TTIP の世界版を作ってそれに加盟するということにはならないが、グローバル経済の進展に合わせて国や地域の境界を大きく越えた新しい経済圏が構築されようとしている。

　日本の TPP への加盟問題は、世界の経済環境が大きく変化する中で、少々の犠牲を伴うとしても日本経済の国際的競争力を維持・向上させるためにこれまでの経済戦略を根本から見直すかどうかの問題である。日本経済は「失われ

た 20 年」で世界の変化から大きく取り残されてしまった。長いトンネルから抜け出すための突破口として期待されるのが日本と諸外国の間にある相互の関税障壁の撤廃であり、TPP への参加により海外の需要を取り込んで国内産業の活性化を図り、経済基盤の強化を図ろうというものである。

　一方、日本には深刻な高齢化が進む農業の再生と食料自給率の引上げ、食の安全性の確保という大きな命題がある。抜本的農業改革が検討・実施される前に TPP により農産物の輸入関税が撤廃、あるいは大幅に引下げられれば農業の衰退を加速させることになりかねない。反対に、日本が農産物に例外品目の設定とその条件に拘り続ければ、米国や農産品を主要輸出産物とする他のメンバー諸国からの反発が強まり、本来の加盟目的から大幅な後退を余儀なくされることが考えられる。

　他にも、著作権などの知的財産の問題について、米国型の賠償制度が持ち込まれる場合の訴訟環境の変化も懸念される。それでも、経済がグローバル化した今、もはやどの国も世界経済の潮流を無視して経済を維持・発展させていくことはできなくなっている。

　そして、もう一つ忘れてならないことは、米国や英国が恒常的貿易赤字国であるのに対し、日本は一時的な状況を除けば輸出が輸入を大きく上回り、貿易黒字が日本経済を支える形となっており、世界でも最もグローバル経済の恩恵に浴している国の一つであるということだ。

　民主主義は、個人の権利、少数派の権利を尊重し、それらに対する配慮を行う優れた体制であるが、戦後の日本は戦前の体制・制度の反省からか、そのことの重要性に過度に囚われる傾向が強い。現実の問題としては、国際的協議において全ての問題について自国の考えや希望がそのまま通ることなどあり得ない。日本は世界のリーダーであり続ける機会を何度となく逃し、守ろうと思ったものは自滅し、攻めようと思った分野も誰かに先を越され、今や高度経済成長期の遺産を食い潰そうとしている。自由貿易協定の遅れに対する産業界と企業の苛立ちは、そうした経験を背景にしている。

　日本は米国から遅れること 5 年でようやく TPP への加盟に辿りつこうとしているが、対応の遅れは日本の地盤沈下を進行させてしまった。その事実をよく認識し、大局的視点からリスクを取った上で攻めるべきは大胆に攻めるしかない。そして、守るべき産業については、規制・制度や事業環境を根底から見

直して大胆に改革する以外に道はない。

v. 温室効果ガス削減

　既に述べたように地球温暖化の問題は地球全体の問題であり、温室効果ガス拙出量削減については全世界の国々が英知を結集し、総力を挙げて取り組む必要がある。

　ところが、国際的な取り組みはなかなか前に進まない。経済発展を優先する新興国は、「温室効果ガスの削減は、18世紀の英国の産業革命以降、大量の石炭を燃やして地球環境を悪化させた先進諸国が率先して対応すべき問題であり、新興国が対応するのは先進諸国に経済水準で肩を並べた後の問題である」と主張している。また、気候変動の現れ方は地域によって差があるため、各国国民の地球温暖化問題の捉え方と深刻さには大きな温度差がある。

　各国間で温室効果ガス削減についての責任意識には温度差があるが、削減の必要性を強く意識する欧州諸国や日本が中心となって、世界的取組みの必要性を強く訴えた一つの成果が1997年12月に採択された京都議定書である。京都議定書は、先進諸国に対して、1990年を基準に2012年までに温室効果ガスの排出量を少なくとも5%削減することを目標に、各国に対して個別に目標数値を設定して遵守義務を負わせた。その中で、日本は議定書を纏めるために6%の削減義務を負った。ところが、先進国の中で最も排出量の多い米国が採択後に離脱し、世界最大の排出国である中国、インドを始めとした新興諸国は目標達成義務を負わなかったため議定書の意義は薄れてしまった。

　京都議定書以降、温室効果ガス削減の国際的協議は「気候変動枠組条約締約国会議（COP）」により協議が続けられている。米国は国内外の強い世論により協議に復帰したものの、各国の主張の隔たりは依然として大きい。EUは現状の枠組みの維持を重視して先進国が率先して削減すべきとするのに対して、日本、米国、ロシアなどの国々は先進国と新興国の同一歩調での削減を主張している。また、新興国と途上国は、先進国の率先した削減、技術移転と資金援助を求めるとともに、自国の削減目標設定については累積排出量を主張の拠所に、依然として「温暖化は先進国の責任」としており、議論は平行線を辿っている。

　なお、日本の2012年度の温室効果ガス総排出量は13億4300万トン、基

準年対比で 6.5％増となったが、12 年度までの 5 カ年間の平均は、基準年対比で 1.4％増、算入可能な森林等吸収源による 5 カ年間の平均は基準年排出量の 3.9％に相当し、京都メカニズムクレジット（海外からの温室効果ガス排出枠購入など）を加味すると 5 カ年平均で 8.4％減となり、京都議定書の 6％の削減義務を達成した（環境省発表 2014 年 4 月 15 日）。

しかし、取り組みはこれで終わることにはならない。日本には COP の論議とは別により大きな削減が求められる。それは、2009 年 9 月誕生した民主党政権の鳩山由紀夫総理大臣（当時）が就任から僅か 6 日後に国連気候変動首脳級会合で行った演説により、京都議定書や COP 協議において協議されている日本の削減義務より大幅に踏み込んで 1990 年対比で 2020 年までに 25％削減を目指すことを宣言したためで、それが日本の国際公約のようになったことによる。

鳩山演説は東日本大震災の前に行ったものであり、原子力発電への依存度を引上げて温室効果ガスを削減するシナリオは崩壊した。その後、2013 年 11 月の COP19 において石原伸晃環境大臣（当時）が 2005 年対比で 2020 年までに 3.8％削減することを新たな目標とすることを発表したが、日本は諸外国に比べて早くから省エネや低炭素発電システムや施設への切り替えが進んでおり、新しい目標も容易に達成できる数値ではない。工業製品の価格競争で既に不利な立場にある日本企業に、予定外の新たな設備投資により高額の追加費用が発生する。

地球環境を維持していくためには全世界で温室効果ガスの排出量を半分以下に減らさなければならないことを述べたが、低炭素発電システム技術、再生可能エネルギー技術開発は、大型の輸出が期待できる有望な成長産業である。政府や大学の研究機関、民間企業においても研究が進められているが、商業ベースに乗せることのできる技術が開発されるまでには長期間に亘る高額の投資が必要であり、企業には大きな事業リスクが発生する。

また、次に述べる電力問題との関係では、原子力に変わるベース電源としては日照や風力などの天候条件に左右されず、かつ一定規模の発電量が見込める地熱発電が当面有力であると考えられる。日本列島には地熱発電に適した場所が各地にあるが、多くは国立公園内や温泉地と競合する場所にある。しかしながら、日本が経済活動を継続していくためには一定程度の発電量を地熱により

賄うことを検討せざるを得ないのではないだろうか。

地球環境保護に向けての日本の貢献の向上と日本経済の発展のために、研究開発費用の会計上の特別処理、開発リスクの経済的受け皿の創設など、官民が協力して国家的対応課題として取り組みを進める必要がある。

vi. 電力問題

福島第一原子力発電所の事故発生以前に、日本の電力問題が危機的問題として大きく取り上げられたことはなく、日本企業の直面する重大な問題は電力問題を除いて「五重苦」と言われていた。

勿論、全く議論がなかったわけではなく、世界的に高い電力料金を引下げるため、発電事業と送電事業の分離、電力事業への参入の自由化の必要性が指摘され、電気事業法改定の必要性についての議論は行われていた。また、再生可能エネルギーの開発促進の観点から電力会社による電力買上制度の改定も検討されていた。

一方で、日本の電力供給は安定的で停電は殆どなく、一般的には認識されていないが、日本の発電所から供給される電力は交流波の波形が非常に安定した質の良い電力で、半導体、IT関連や精密部品の製造など日本の産業に大きく貢献してきた。

〈グラフ13〉および〈グラフ14〉は、資源エネルギー庁が主要国の電力事情を比較したものである。〈グラフ13〉は産業用の電力料金を比較したものであるが、日本の電気料金は米国の約2.5倍、英国及びフランス対比でも5割近く高い。他方、〈グラフ14〉は停電率を比較したグラフであるが、日本は一番停電が少ない国であり、停電の多い米国との差は歴然としている。

日本の電力料金は以前から世界的に高めであったが、福島第一原子力発電所の事故以降殆どの原子力発電所が停止し、不足分を火力発電により発電しているために料金原価の約3割を占める燃料費[26]が上昇している。そのため、既に東京電力を始めとした電力各社は2012年以降数次に亘って電力料金改定を行っているが、今後の原子力発電所の稼動状況、燃料費価格、為替によっては更なる引上げも予想される。

---

26 資源エネルギー庁、平成20年度電気料金改定時の届出における各社認可申請、届出資料を基に算出（16.38円／kWhの内5.04円が燃料費による）

他方、強みであった停電が少なく周波数が安定した良質の電力供給は夏場の電力需要のピーク時には綱渡りの状況である。現在は、節電を呼び掛けつつ火力・水力発電所をフル稼働させてしのいでいるが、どこかで事故が起これば電力の供給が不足し、計画停電や最悪の場合はブラックアウトも考えられる。火力発電所については、運転を休止していた発電所の再稼動や、一般電力会社と一定の条件の下に電力供給契約を締結している卸供給事業者（電気事業法上は非電気事業者の扱い）からの供給を受けているが、既にフル稼働状態にある。前述したように再生可能エネルギーによる大量の電力供給体制構築までには長い時間がかかり、今後も原子力発電所の稼働率の大幅な回復が望めないとすれば、新規の石油や天然ガスの発電所建設が必要になる。しかし、燃料費の問題

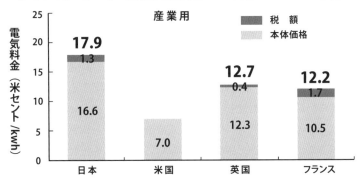

〈グラフ13．2011年　産業用電気料金　---　為替レートによる換算〉

出典：資源エネルギー庁「平成24年度エネルギーに関する年次報告（エネルギー白書）

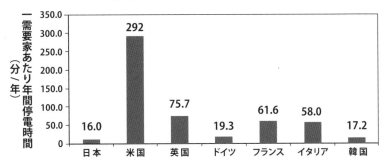

〈グラフ14．各国の停電率〉

出典：資源エネルギー庁「電気料金の各国比較について」（平成23年8月）
原資料：海外電気事業統計2010年版、米国LBNL報告書、注：ドイツ、米国は2006年の値、それ以外の国は2007年の値

に加えて新たに建設コストも発生し、温室効果ガスの削減目標に反して排出量が増加する。

　電力供給不足問題は発電総量の問題だけでなく、一時的な停電であっても産業によっては大きな影響が出る。例えば、瞬時電圧低下であってもIT関連部品や精密機器の生産に大きな影響を与える他、時間が限定された計画停電であっても、常時空気清浄を行う必要がある半導体集積回路や液晶パネル製造用のクリーンルーム（他にもバイオ、医療、食品関連などでクリーンルームが用いられている）の清浄状態を維持できなくなる。なお、電力ピーク時の対応として、日本の東西で異なる電力周波数（東日本50Hz、西日本60Hz）を理想としてはどちらかに統一することであるが、それができない以上は東西間で互いに融通することである。この問題に関しては、現在の東西の境界を越えて融通できる電力量（120万kW、2014年3月時点）を拡大する方向で具体的検討が行われている。

　電力問題は長期的には再生可能エネルギーの大量かつ経済的コストでの発電が可能になれば解決できる問題である。再生可能エネルギー開発は地球温暖化問題解決の切り札となるだけでなく、日本の有力な輸出産業ともなり得る。一方、長期間に及ぶ技術開発に伴う費用負担は企業にとって重大な経営リスクとなる。故に、政府と産業界の主導により、将来を展望した技術開発と将来への投資、発電事業と送電事業の分離、電力事業への参入の自由化など、必要な規制・制度の変更を大胆に行っていく必要がある。

　企業活動を行っていくのに何の支障も問題点もないという国などない。現在の日本の諸制度は、勤勉で高水準の労働力とともに日本経済を世界屈指の経済大国にまで押し上げる原動力となったことは紛れもない事実である。しかしながら、20年にもわたる経済スランプで喘いでいるうちに世界経済は高度なITに後押しされたグローバル化によりすっかり様変わりした。日本の産業を支える中心的諸制度と市場・労働環境は既に世界的潮流から大きく後れを取ってしまった。

　問題解決のためには制度の大幅な変更が必要になる。しかしながら、現状の変更には必ず犠牲を伴い、さらに失敗のリスクがある。したがって、犠牲と投資に見合うだけの成果が期待できるか綿密な分析が必要となるが、日本は多くの分野で抜本的な変革を早急に行わなければグローバル経済の下で生き残って

いくことができないことは明らかである。目の前のリスクを回避することが必要な場合もあるが、損失の可能性があるとしてもそれに取り組まないことで失われるものがより大きい場合には、リスクを取って敢然と取り組んでいく必要がある。

第3章
企業の事業リスクと ERM

　ここまでは、グローバルな視点、そして少し範囲を狭めて日本が晒されているリスクという視点から重要なリスクについて見てきた。その中で、経済リスクと環境リスクが我々の社会生活を営んでいく上において中心的リスクであり、それらは社会リスク、地政学リスク、テクノロジー・リスクとも相互に密接に関係していることを見てきた。また、日本の国土・エネルギー・食料の安全保障問題、地震・台風・洪水などの自然災害リスクと国土強靭化の必要性、少子高齢化問題、そして規制・制度と経済環境に関する諸問題について検討を行ってきた。

　本章では、それらの問題分析と基本的認識を踏まえて、さらに身近でかつ我々が日々備えて行かなければならない問題として、企業経営における事業リスクとその対処方法について検討を行う。また、検討においては企業統合リスク・マネジメント（ERM：Enterprise Risk Management）の対象となるリスクを常態的リスクと危機的（クライシス）リスクに分類し、巨大自然災害リスクを中心に日本企業が直面するクライシス・リスクのマネジメントによる対処方法について検討を行う。

　リスク・マネジメントという概念は、第一次世界大戦後のドイツで悪性インフレに苦しんでいた企業が防衛のために導入した経営管理システムが始まりとされる。当初は純粋リスクを合理的に保険に移転するための管理システムであったが、その後米国を中心に管理対象リスクが企業活動全般に拡大されている。日本でリスク・マネジメントという言葉が一般に使用され始めたのは1970年代頃であり、日本でも半世紀近い年月が経っている。しかしながら、危機管理という日本語の概念や安全技術との混同、あるいは管理対象リスクの範囲の広さからか、リスク・マネジメントの統一的概念や定義は定着していないように思われる。リスク・マネジメントは、狭義には「リスクの発生予防と損失を軽減するための方法の検討」と定義され、広義には「リスクが現象として現れた場合の対処方法」が含まれ、いずれの用法においても用いられている。

危機的状況が発生した場合の対処については、リスク・マネジメントから独立させてクライシス・マネジメント（Crisis Management）として整理するのが一般的である。クライシス・マネジメントという概念は、東西冷戦下において戦争や革命が起こった時の対処方法のことを指していたが、現在では大規模災害や大事故を始めとして企業に重大な経営危機をもたらす事態が発生した場合のマネジメントを指す言葉としても用いられている。また、クライシス・マネジメントとは別に、ディザスター・マネジメント（Disaster Management）という言葉を用いることがある。こちらは、政府や自治体、あるいは企業が巨大自然災害を想定して、被害の抑止、減災、社会インフラ及び人的・経済的被害の軽減、災害発生時の対応、そして復旧・復興への一連の対応に関するマネジメントを指す。

　クライシス・マネジメントとディザスター・マネジメントの違いは、クライシス・マネジメントが危機的状況の発生した後の対処についてのマネジメントであるのに対して、ディザスター・マネジメントは防災を行うことにより抑止・減災の過程を含むというということであるが、突発的な重大事象に対するマネジメントということでは基本的に同じである。また、近年ではクライシス・マネジメントという言葉が、大規模自然災害や重大事故に対処するための企業の防災を含んだ全てのマネジメントを指していることが多く、本書においてもクライシス・マネジメントはディザスター・マネジメントを含んだ概念として用いることとする。

　また、日本語からリスク・マネジメントやクライシス・マネジメントを理解しようとする場合の混乱もある。「危機管理」を英語に翻訳する場合、「リスク・マネジメント」と「クライシス・マネジメント」の両方を意味する場合と、前者もしくは後者のいずれかを指す場合がある。本書では、リスク・マネジメントを狭義の定義、すなわち「リスクの発生予防と損失を軽減するための方法」とし、クライシス・マネジメントを「危機的事態に対する事前及び事後のマネジメント」とする。

　なお、本章は、大規模自然災害や重大事故などの突発的重大事象に対するマネジメントを中心に、企業の様々なリスクの影響度合と対処方法の分析・検討を行うものであり、戦争・革命時の国家のクライシス・マネジメントについては検討対象に含めない。

1. ERMの対象リスク

　企業は、事業の運営にあたって様々な問題やリスクに直面し、それを上手く乗り切りながら利益を生み出し、事業の継続と発展を図る。ERMは、企業経営の高度化、多角化、グローバル化、複雑化などに伴い、企業経営に関わる様々なリスクを総合的に把握・評価し、必要な手段を講じることが重要になってきたことから、様々な部署で行われるリスク・マネジメントを統合的に管理し、企業価値の向上を図るためのマネジメントである。また、ERMの対象にはクライシス・マネジメントも重要な一部として含まれる。

　リスク・マネジメントとクライシス・マネジメントは対象とするリスクが異なるため、自ずと対処方法も異なる。リスク・マネジメントでは、常態的経営リスクを的確に把握し、リスクの回避、予防、軽減、保有、移転などの手段を適宜講ずることによりリスクを許容範囲内にコントロールする。他方、クライシス・マネジメントは、大規模自然災害、火災、爆発、大規模リコール、高額の損害賠償などの重大事故に対して、従業員の安全と雇用を守り、損害を抑止軽減するとともに、事業の継続を図るための対処方法を検討・実施する。

　さらに、事業を中断もしくは縮小せざるを得ない場合は、速やかに復旧を図り、損失を最小限に食い止める必要があり、事業継続計画（BCP：Business Continuity Plan）とその都度計画の必要な見直しと変更を行う事業継続マネジメント（BCM：Business Continuity Management）が中核をなす。また、BCP、BCMを遂行するためには、復旧資金などの資金調達、すなわちリスク・ファイナンス（Risk Finance）が不可欠な要素である。ただし、リスク・ファイナンスは、金融機関からの資金の借入れ、保険、リスクヘッジのための金融商品など専門性の高い知識を要するため、全従業員を対象としたBCP、BCMから独立させて検討されることが多い。

　ERMの対象は、景気の動向や市場環境、規制・制度の問題、自然災害や火災などによる物理的損害、損害賠償、リコール、IT関連の問題、人事管理、コンプライアンスなど多岐に及ぶが、企業経営者が実際にどのようなリスクを強く意識しているのか、イメージが沸き難いかもしれない。この点について、大手保険ブローカーのAonの興味深い調査がある。この調査は、全世界58カ国の企業を対象に2007年から隔年で実施されており、大企業から中小企業まで

合計1415社（2013年）に対して実施されたものである。〈表5〉は、2007年から2013年までの調査結果を基に10大経営リスクの変遷を示したものである。

〈表5. 10大経営リスクの変遷〉

順位	2007年	2009年	2011年	2013年
1	ブランド力の低下	景気後退	景気後退	景気後退／回復の遅れ
2	事業中断	規制／法令の変更	規制／法令の変更	規制／法令の変更
3	第三者賠償責任	事業中断	競争激化	競争激化
4	流通及びサプライチェーンの寸断	競争激化	ブランド力の低下	ブランド力の低下
5	市場環境	商品価格の変動	事業中断	優秀な人材の確保の失敗
6	規制／法令の変更	ブランド力の低下	顧客ニーズの読み違い	顧客ニーズの読み違い
7	優秀な人材の確保の失敗	キャッシュフロー／流動性リスク	優秀な人材の確保の失敗	事業中断
8	（金融）市場リスク	流通及びサプライチェーンの寸断	商品価格の変動	商品価格の変動
9	物理的損害	第三者賠償責任	技術的／システム障害	キャッシュフロー／流動性リスク
10	合併／買収／再編災害復旧計画の失敗	優秀な人材の確保の失敗	キャッシュフロー／流動性リスク	政治リスク／不確実性

出典：Aon Risk Solutions "Global Risk Management Survey"
注：日本語訳は筆者による

〈表5〉を12ページの〈表1：2015年10大グローバル・リスク〉と比較すると、意識されているリスクの捉え方が大きく異なることが分かる。グローバル・リスクとしては、地域に重要な結果をもたらす国家紛争、財政危機、雇用問題、水資源危機、異常気象及び気候変動、エネルギー価格などの国際社会の根源的リスクが挙げられていたが、企業経営者の意識はそれらを背景とした様々な現象をリスクとして捉えている。例えば「景気後退／回復の遅れ」を例に挙げると、不景気の原因が政治の混乱によるものか、金融危機によるものか、石油や資源価格の高騰によるものであるか、ということではなく、経営者は不景気と不況の長期化という現象をリスクとして捉えている。

また、企業経営者が非常に強く意識している注目すべきリスクとして、「事業中断」リスクがある。事業中断は、自社の生産ラインが火災や自然災害などにより損傷を受けた場合と、「流通及びサプライチェーンの寸断」による場合があるが、Aonの調査ではその双方が上位に挙げられている（「流通及びサプ

ライチェーンの寸断」は、2011年及び2013年は10大リスクからは漏れたが、それぞれ12位、14位にランクされている)。「流通及びサプライチェーンの寸断」を「事業中断」と併せて考えれば、「事業中断」リスクは企業経営者の関心の常に最上位にあると言える。

背景には、グローバル経済の進展と世界的な企業間競争が激化する中で、事業中断が長期化する場合にはシステミック・リスクとなって、企業の経営基盤を揺るがしかねないことが強く意識されていることがある。なお、事業中断リスクについては、本章の中でさらに詳しく検討を行う。

2. 企業リスクの分類とマネジメント

企業経営を取り巻く様々なリスクに対する対処方法は一様ではなく、それぞれのリスクの大きさ、発生頻度、特性を考えて検討する必要がある。リスク・マネジメントとクライシス・マネジメントの対象の大きな違いについては既に述べたが、さらに、ERMの対象リスクをその特性と特徴から三つに分類して、それぞれのマネジメントについて検討を行う。すなわち「常態的リスク」か「突発的リスク」により区分し、さらに、常態的リスクをリスクの計測が可能かどうかにより二つに区分する。

「常態的リスク」には、「市場リスク」「信用リスク」「投資リスク」「オペレーショナル・リスク」「コンプライアンス・リスク」などがあるが、リスク・マネジメントの手法を検討する場合、リスクを経済価値に換算して計測することが可能であるかどうかが重要な鍵となる。

「市場リスク」「信用リスク」「投資リスク」は事業環境が主に経済的要因によって変化するリスクであり、本書ではそれらのリスクを「事業環境リスク」として整理する。

これらの経済リスクは計測が可能であり、リスクをヘッジできる。したがって、リスク・マネジメントの方法は、リスクの洗い出し、次に発生頻度とインパクトを計測し、それに基づいてリスクの回避、予防、軽減、保有、移転とそれらの組合せにより対応することになる。

一方、常態的リスクの内、企業戦略と管理に関わるオペレーショナル・リスク、コンプライアンス・リスクについては発生の可能性やインパクトを数値化することはできない。本書では「企業統治リスク」とするが、それらのリスク

に対する取り組みは、企業経営が従業員と一体となってリスクの発生を未然に防ぎ、また万一事故や問題が発生した場合には経営者と従業員の努力により影響を最小限に食い止めなければならない。

「突発的リスク」は、巨大自然災害や大火災・爆発事故、大規模リコールなどに起因する重大な状況に関するリスクであり、クライシス・マネジメントの対象リスクである。これらのリスクを数量的に測定することは可能ではあるが、多くの場合、リスクの総量が企業の経営努力で対応できる範囲を大きく超える。したがって、防災・減災対策を行うとともにBCPを徹底し、さらに自社の財務体力（資本力）を超える部分については金融機関からの資金の借入れ、あるいは保険や金融商品により第三者にリスクを移転する方法を検討・準備する必要がある。

ERM の対象リスクを「事業環境リスク」「企業統治リスク」「突発的リスク」に分類し、主なリスクと、計測性、対処方法について整理したものが〈表6〉である。

〈表 6. ERM の整理〉

	分類	主なリスク	リスクの計測	リスクの対処方法
ERM	事業環境リスク	・市場リスク ・信用リスク ・投資リスク	可能	リスク・マネジメント（第三者へのリスク移転を含む）
	企業統治リスク	・オペレーショナル・リスク ・コンプライアンス	不可能	リスク・マネジメント（第三者へのリスク移転は含まない）
	突発的リスク	・巨大自然災害 ・大火災・爆発 ・大規模リコール	可能	クライシス・マネジメント

注：筆者による分類

企業のリスク・マネージャーは、それぞれの企業の事業運営に関わるあらゆるリスクを洗い出し、〈表6〉で示した分類を念頭に置きながら、リスクの発生頻度、インパクトの大きさ、特性を分析し、さらに計測可能リスクについて測定を行い、リスク・マネジメント及びクライシス・マネジメントを策定・実施する。先の Aon の調査では、具体的に49の企業経営リスクを挙げているが、それらのリスクを「事業環境リスク」「企業統治リスク」「突発的リスク」の三つのグ

ループに分類したものが〈表7〉である。なお、複数の分類に該当するリスクがあるが、筆者の判断により比重がより重いと考えられる分類に整理した。

〈表7．企業経営リスクの分類〉

事業環境リスク	企業統治リスク	突発的リスク
景気後退／回復の遅れ (1)	ブランド力の低下 (4)	事業中断 (7)
規制／法令の変更 (2)	優秀な人材確保の失敗 (5)	キャッシュフロー／流動性リスク (9)
競争激化 (3)	顧客ニーズの読み違い (6)	技術的／システム障害 (12)
商品価格の変動 (8)	企業統治の負荷の増大／コンプライアンス (19)	第三者賠償責任 (13)
政治リスク／不確実性 (10)	事業支援インフラの不備 (21)	流通、或いはサプライチェーンの寸断 (14)
為替変動 (11)	不十分な後継人材育成 (22)	気象／自然災害 (16)
追加資本の確保／信用リスク (15)	災害復旧計画 (BCP) の失敗 (23)	物理的損害 (17)
取引相手の信用リスク (20)	従業員の不正行為／犯罪 (24)	コンピュータ犯罪／ハッキング／ウイルス／不正アクセス (18)
環境リスク (28)	労働力の不足 (26)	知財産／データの喪失 (29)
銀行利子率の変動 (31)	合併／買収／組織再編 (27)	役員賠償責任、要員不足 (34)
経済のグローバル化／新興国市場、天然資源の枯渇／原材料の入手困難 (32)	企業戦略の不徹底 (30)	労働災害 (25)
気候変動 (38)	企業の社会的責任／持続可能性 (37)	リコール (36)
ソーシャル・メディア、資産価値変動 (40)	職場放棄 (39)	パンデミック (44)
株価変動 (42)	不道徳行為 (43)	テロ／サボタージュ (46)
年金基金 (47)	業務の外部委託 (45)	
財政不均衡 (48)	ハラスメント／差別 (49)	

注：Aon Risk Solution "Global Risk Management Survey 2013" に挙げられたリスクを筆者が分類

3．リスク・マネジメントの対象リスク

　リスク・マネジメントの対象を、リスクの計測が可能かどうかにより「事業環境リスク」と「企業統治リスク」の二つに分類したが、それぞれリスク・マネジメントの方法が異なる。

(1) 事業環境リスク

　事業環境リスクは、経済環境が変化することにより事業経営に影響が及ぶリ

スクであり、代表的リスクとして「市場リスク」「信用リスク」「投資リスク」がある。「市場リスク」としては、景気後退、規制／法令の変更、競争激化、商品価格の変動、為替変動などが挙げられ、さらに経済リスク及び環境リスクとの関連で天然資源の枯渇／原材料の入手困難、気候変動などのリスクがある。また、信用リスクとして、追加資本の確保／信用リスク、取引相手の信用リスクが挙げられ、投資リスクとしては、銀行利子率の変動、資産価値の変動、株価変動、年金基金の運用変動などのリスクがある。

　これらのリスクは、リスクの一部を金融先物やオプションなどのデリバティブにより、金融市場にリスクヘッジすることができる。そして、金融市場はこうした「金融リスク」の取引を行う市場であり、リスクの引受けに積極的である。さらに、一部のリスクについては保険を用いることもできる。また、リスク量は基本的に企業の経営戦略により大きく左右され、保有リスク量と第三者への移転は企業の収益性に関わる経営戦略により決定される。

　また、事業環境が急激に変化する場合の「経営リスク」はヘッジすることができるが、現象が長期化、常態化する場合にはリスクの移転が難しくなる。したがって、急激な市場環境の変化に対しては金融市場に一定のリスクヘッジを行うとともに、景気後退の長期化と競争激化に備えて、逆風下の経営環境においても事業継続ができるだけの経営体力を予め蓄えておくことが重要である。一方、そうした企業の経営方針と戦略により、長期的かつ安定的な成長が見込めると市場から評価を得られた場合には、「信用リスク」の軽減及び信頼性とブランド力の向上を図ることもできる。

　事業環境リスクの概念を具体的に理解するために、〈表7〉の上位二つのリスク、「景気後退／回復の遅れ」と「規制／法令の変更」について、特徴とインパクトについて説明する。

i. 景気後退／回復の遅れ

　景気がバブルに向かうときには経営リスクが意識されることは殆どないが、後退局面に入った場合、あるいは停滞が長期化する場合、それまでの積極的経営戦略を大きく見直す必要が生じ、様々な局面で経営リスクが生じる。〈表7〉には、「事業環境リスク」の要因として他にも「競争激化」「商品価格変動」「為替変動」などが挙げられているが、これらのリスクも経済環境が悪化する局面

で顕在化する。2008年秋のリーマン・ショック以降の経済危機では、世界的に消費が低迷し、価格破壊が発生して企業収益が大幅に落込んで経済状況が急激に悪化したが、それらの経済リスクのヘッジを行っていなかった多くの企業が経営の窮地に追い込まれている。

　本書執筆時点において、世界的経済危機からの景気回復はまだ道半ばである。新たにウクライナを巡るロシアと EU 諸国・米国間の緊張、ギリシャ問題などの不安材料はあるものの、欧州の経済危機はギリギリのところで回避できる見込みであり、米国及び日本経済も復調が予想されている。一方、今後の世界の工業生産及び消費はリーマン・ショック以前のような高成長は望めないものと予想され、中国を始めとした新興国経済の成長スピードが鈍化し始めている。また、新興国間の競争も激しくなってきており、高い成長率を持続できるのは一部の国に限られるという状況が出てきている。

　成長率が予測を下回る場合には、高いリターンを前提にしていた金融商品のデフォルト、バブル気味に加熱している新興国の株式・不動産相場の崩壊、企業の投資計画やキャッシュフローに狂いが生じ、企業業績と経済の下振れリスクとなり、さらに負の循環を招いて経済危機に発展することも考えられる。こうした中で、景気動向は引き続き企業経営者の最大の関心事となっている。

ii. 規制／法令の変更

　「規制／法令の変更」について調査の産業別の内訳を見ると、特に銀行、政府、介護、保険・投資・金融、製薬及びバイオ、通信及び放送、公益事業などの分野の企業経営者にとって高い関心事となっており、教育／非営利団体、不動産、天然資源（石油、ガス、鉱物）などの経営者も上位に挙げている。これは、様々な新たな商品の出現、内容や取引形態が日々大きく変化する中で、消費者や契約者が損害を被るケースが増加し、消費者を保護することの重要性の高まりを受けて各国政府が規制を強化していることによる。

　大量の資金が電子的に瞬時に世界を移動する金融事業においては、国際的基準による規制強化が検討されている。すなわち、リーマン・ショックの背景にあった信用取引による過剰投資と金融取引の国際化が世界経済を大混乱に陥れたことに対する反省から、OECD などの国際機関は国際的な規制強化を検討・実施している。バーゼルⅢによる国際統一基準銀行に対する自己資本比率の量

的・質的改善要請、EU加盟国の保険会社に対する資本増強や経営内容の改善を求める新しい規制・制度ソルベンシーⅡなどがあるが、いずれも新基準を満たすために多額の追加費用（資本）が必要となり、多くの金融機関の経営に少なからず影響が及ぶこととなる。

こうした国際的規制強化の流れを踏まえて、各国においても規制・制度の見直しが進められており、事業者にとっては新たな収益を生み出せない中で、基準を満たすために経営が圧迫される状況が生じている。そして、新基準を満たせない金融機関には信用リスクが発生し、新たな合弁・買収（M&A）による業界再編の波が押し寄せる可能性がある。また、規制が行き過ぎている場合には市場の混乱を招くことも考えられる。

（2）企業統治リスク

企業統治リスクには、事業戦略との関連が強い「オペレーショナル・リスク」と企業及びその従業員の法令遵守を中心とした「コンプライアンス・リスク」の二つがある。

企業統治リスクに共通する特徴は、リスクの所在が明らかであっても数量的に把握することが難しいことである。数量的把握が難しいリスクに対して限りある経営資源を投下することは、短期的には利益率の低下を招くおそれがあり、経営者が経営資源投下に逡巡する傾向がある。また、リスク・マネージャーによるリスク評価とその対処方法の適用の可否は、最終的には経営判断の問題であり、その是非を論ずることは難しい。

オペレーショナル・リスクとしては、ブランド力の低下、顧客ニーズの読み違い、災害復旧計画（BCP）の失敗、合併／買収／組織再編、企業戦略の不徹底などの経営戦略に関わるリスクがそれに含まれる。また、人材の確保、後継人材育成、労働力の不足などの人事と要員計画に関するリスクもオペレーショナル・リスクに位置づけられる。さらに、製品販売コストを引下げてマーケットシェアの拡大を狙うか、収益性をより重視する戦略をとるか、短期間に確実な利益の確保と中長期的戦略に立った利益のどちらに重点を置くか、ハイリスク・ハイリターン対ローリスク・ローリターンの選択、新規事業に投資して業容拡大を狙うか、特定事業に経営資源を集中するか、なども重要な経営判断であり、それらの判断により企業業績は左右される。

コンプライアンス・リスクとしては、従業員の不正行為・犯罪、ハラスメント、差別など従業員の採用・育成・監督に関わるリスクと、業務が適法かつ妥当に遂行されていることを確認するコンプライアンスがある。これらのリスクの特徴は、天変地異のように突然発生するわけではなく、水面下でゆっくり進行し、突然重大な事象となって現れることである。また、リスクの計量化が困難なため、第三者にリスク移転することはできない。したがって、企業経営者はコンプライアンス・オフィサーとともに企業統治について常に目を見張り必要な対応を行うとともに、良い企業風土を醸成することにより、企業の機動力を最大限発揮してこれらのリスクを回避していくことが重要である。

一方、コンプライアンスが過度に求められた結果、企業活力が削がれるという重要な指摘もある。すなわち、コンプライアンスのために割く要員と時間が過大になり、企業活力と利益を圧迫する迄に企業の負担が重くなってきているのである。コンプライアンスに十分配慮しないことは企業にとって重大な事態を招きかねない問題であるが、過大なコンプライアンス関連業務により企業が押し潰されるリスクもあり、経営者の経営姿勢と感覚が問われる問題である。

なお、本書ではBCPの失敗を企業統治リスクとして整理したが、これは従業員の安全確保と損傷した建物や生産ラインの修理、原材料の搬入の確保などの復旧計画を事前に策定し、全従業員に徹底しておくことは企業経営の問題であると考えられるからである。

企業統治リスクの概念を把握するために、〈表7〉の企業統治リスクの欄で最上位と第2位の「ブランド力の低下」と「優秀な人材確保の失敗」を取り上げて、その特徴とインパクトについて説明する。

i. ブランド力の低下

「ブランド力の低下」は、調査が開始された2007年以降毎回上位に挙げられている企業経営者の重大関心事である。消費者の満足度の高い商品やサービスを提供し、市場競争を勝ち抜いていかなければブランド力を確立・強化することはできない。苦労して築き上げたブランド力も一度歯車が狂うと坂を転げ落ちるように状況が一変する。大規模なリコールの発生や消費者に対する不適切な対応、会社及び従業員の不正行為などにより企業が社会的信頼を失った場合、信頼回復は容易ではない。

また、最近は、業種を問わず企業が技術進歩と消費動向の激変に翻弄されている。一度ライバルに追い越されたという評価を受けると、その企業の商品はたちまち店頭から追いやられ、業績が悪化してしまう傾向がある。最近のスマートフォン開発・販売を巡る商戦は顧客ニーズの読みがブランド力に変化をもたらし、企業業績の明暗を分けた代表的な例であろう。

　〈グラフ15〉は、メーカー別のスマートフォン販売台数を2009年と2011年で比較したものである。顧客ニーズの読み違いと経営資源投下の方向性の違いが僅か2年間で企業間の大きな業績の差をもたらしている。

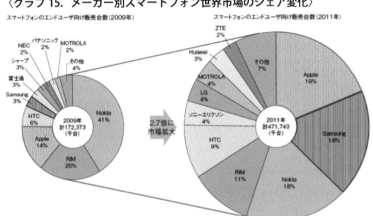

〈グラフ15. メーカー別スマートフォン世界市場のシェア変化〉

注：主要携帯端末メーカー別シェアについては、それぞれ10位までを掲示
資料：平成24年版情報通信白書、総務省

　スマートフォン市場は、従来の携帯電話からの切り替えもあり販売台数が3年間で2.7倍に拡大し、さらに市場がAndroid、iPhone主導に変わると企業のシェアも大きく変貌した。その結果、スマートフォンを含む携帯電話の販売で1990年代後半から長らく首位を守ってきたフィンランドのノキアは、2011年にはスマートフォンの開発に経営資源を集中投下した米国のアップルと韓国のサムスン電子に抜かれた。日本メーカーは、携帯電話開発競争において世界のニーズとは異なった技術開発に注力してガラパゴス現象（技術的に優れてはいても世界標準とは異なるために孤立した現象）に陥ったと揶揄されたが、さらにスマートフォンが主流になる中で世界の上位10社に1社が残るのみと

105

なってしまった。

　こうした例は他にもある。携帯型の音楽機器はかつてソニーを始めとした日本の家電メーカーの独壇場であったが、デジタル機器への消費者ニーズの変化に対して、日本メーカーを世界の頂点に押上げる原動力となった精密な機械仕掛けに拘ったために短期間にブランド力が低下し、市場を失っている。

　液晶テレビ、太陽光パネル、リチウムイオン電池は、シャープ、パナソニック、ソニー、東芝、日立などの日本メーカーが技術開発で先行し、2000年代初めまで世界市場を席巻していたが、2000年代半ばにはドイツや米国メーカーに加えて価格面の優位性を前面に打ち出した韓国、中国、台湾などのメーカーが大きく躍進し、既に生産量で日本メーカーを上回っている。

　新興国メーカーの躍進の背景には、国家資本主義とも呼ばれる優遇税制の適用、技術開発、外国への売り込みに至るまでの国を挙げての支援体制もあるが、一方では高い技術を持ちながら、市場を読み違えた日本企業の失敗があったことも否めない。そうした中で、消費者の好み、原材料価格、経済性、環境問題、規制／法令の変更、為替変動、さらには貿易問題など、重要な要素が激しく変化する状況を的確に把握し、着実にブランド力を強化していったのが日本とドイツの自動車メーカーである。トヨタやフォルクスワーゲンなどのメーカーが、その時代の要請に的確に応えて世界の自動車メーカーのトップを争う企業に成長していったが、反対に環境意識や経済性（燃費）重視の高まりといった時代の変化と要請を見誤った米国のビッグ3（ゼネラル・モーターズ〈GM〉、クライスラー、フォード）は経営難に陥った。2008年秋のリーマン・ショック以降の経済危機では最大手のGMとクライスラーが実質的に経営破綻し、FRB（連邦準備制度理事会）による救済を受けている。

　なお、ブランド力低下の例としては、企業経営者や農家の責任とは全く無関係ではあるが、福島第一原子力発電所の事故による放射能汚染に端を発した風評被害問題がある。福島県産の農産物、海産物については放射能汚染がないことが確認されたもののみが出荷されているが、東日本大震災から4年が経過した今も一部の消費者から敬遠されている。

　この問題は海外にも波及しており、韓国は2013年9月9日から福島県及び周辺の8県からの水産物の輸入を全面禁止しており、他にも中国、台湾、米国、ロシアなどが農水産品の産地証明と一部輸入停止措置を継続している。産経新

聞によれば、事故から3年経った2014年3月時点で放射能汚染を理由とする何らかの輸入制限を行っている国・地域は合計41[27]に達している。さらに、2020年のオリンピック招致運動では、開催候補地東京の放射能汚染について海外からの質問が相次いだ。韓国の全面輸入禁止措置については緩和に向けた調査が開始されているが問題解決への道程は遠く、風評被害の解消は容易ではない。

ii. 優秀な人材確保の失敗

　オペレーショナル・リスクとコンプライアンス・リスクの両方に関連する問題として、「人」の問題がある。事業を行うための三大要素として「人、物、金」が挙げられるが、最初に出てくるのが「人」である。市場動向や社会環境、消費者ニーズは常に変化するが、それらの動きを日々注視し、その時々の状況において企業の生き残りと発展のために的確な戦略を立案・実施していく主体は機械ではなく「人」である。

　優秀な人材を多く採用・育成し、社会から範とされる企業文化と規律・秩序のある企業は良い企業であり、ビジネスも上手くいく。一方、「人的投資」という言葉があるように、従業員の採用と維持には大きな投資を伴う。また、人材育成には長い期間を要するが企業業績には波があり、不況時に工場や機械を止めて生産調整することはできても人件費の削減は難しい。

　「人」は企業のエンジンであるが、同時に多額の費用を発生させる。それでも世界中の経営者が「人」に関する問題をリスクの上位に挙げているのは、人件費が企業の支出の中で大きな割合を占める問題である以前に、企業は「人」のために存在し、「人」により運営され、さらに企業の総合力は「人」により大きく左右されるためである。詰まる所、「人」の問題は、採用と同様に採用後の教育・訓練による人材育成と妥当なインセンティブ（処遇、報酬、評価など）とモチベーションを与えることにより、いかに高いロイヤルティーと倫理観を醸成していくかという問題である。

　また、いくら優秀な人材を採用し、高度な教育・訓練をしても、その人材が会社の経営方針・戦略と個人の役割を正しく理解し、組織の一員として力を発

---

[27] 産経新聞 2014年3月2日

揮できなければ意味がない。数年で辞められてしまっては投資が無駄になってしまう。そのため企業は、中長期的ビジネスプランを慎重に検討した上で、目標達成のために優秀な人材を必要数採用し、さらに長期間に亘って戦力として貢献してもらえるように教育・育成などに最大限の努力を払う必要がある。

　日本企業は、日本人の特徴とされる「忠」の精神と集団主義を利用して終身雇用制を採用し、優秀な人材の確保と従業員の会社に対する高いロイヤルティーを醸成してきた。だが一方では、年功序列と定年延長の弊害が、若く優秀な人材のモチベーションを高める上で障害になっており、今日的視点からの改善が必要になっている。

　何百、何千、何万という従業員を抱える企業では、人事管理・労務管理は容易ではない。過剰労働による労働災害、従業員の不正行為やハラスメント、犯罪などが発生すれば、企業全体の社会的信用を失墜させることにもなりかねない。また、一度問題が表面化した場合には、問題を解決しても信頼回復することは容易ではない。

　病気において早期発見・治療の効果が高いように、企業経営においても日々の人事管理を通して問題点の早期発見と解消に努めることが重要である。経営者と従業員が一体となった不断の努力が必要となるが、社会から手本とされる企業文化と高い倫理観を持つ従業員を多く有することによりブランド力も向上する。

4. クライシス・マネジメント

　本書で扱うクライシス・マネジメントの対象には、国家間、あるいは政治的に対立するグループ間の軍事的・政治的な衝突危機を検討対象に含めない。ここで検討するのは、地震、津波、台風、洪水、火山噴火などの大規模自然災害、大規模火災・爆発、大規模テロ、パンデミック、大規模リコール、高額の賠償責任の発生などの危機的事態が突発的に発生した場合に、企業が採るべき対応についてである。また、ITシステムが企業の事業運営の中心的役割を果たす中で、サイバー攻撃、コンピュータのウイルス感染などにより企業の機密情報や顧客情報が漏洩、毀損、変更された場合や、大規模かつ長期に亘って情報システムがダウンした場合も企業活動が麻痺する重大な事態となることが考えられ、想定の対象となる。

これらのリスクには二つの重要な特徴がある。一つ目の特徴は、物理的損害、事業中断、あるいはリコール、賠償請求などにより大きな財務的負担が生じ、ブランド力の低下を招いて遂には経営継続が困難になるドミノ現象を起こすシステミック・リスクであること。もう一つの特徴は、一つの事象により複数のリスクが同時にヒットして壊滅的な事態を招くリスクのクラッシュである。

(1) リスクのドミノ現象

〈表7〉で突発的リスクに分類したリスクは、何れも大規模自然災害、重大事故・事件・事象に該当するリスクであるが、これらのリスクには発生の前触れがないか、あるいはあっても前触れから事象の発生まで対応のための時間的余裕が少ないリスクである。

大規模自然災害を想定した場合、クライシス・マネジメントでまず重要なことは、リスクの予防・軽減の観点から工場や倉庫、オフィスの立地条件として軟弱地盤を避け、津波や洪水の心配のない場所を選び、耐震・耐火構造とし、火災の初期消火・類焼防止対策を施し、生産設備や什器・備品を固定し、毒物・化学物質の漏洩が起こらないようにしておくことである。そして、BCPを策定して危機に備える体制を構築し、従業員にそれぞれの役割について定期的に訓練を行い、損害を極力抑えることが重要である。

また、大規模なリコール、大量の顧客情報の漏洩や高額の賠償責任を問われる事態に対しては、製品管理、法律面から備える必要がある。しかしながら、それでも企業にとって重大な状況と高額の経済負担が生じることがある。

重大事故・事象の重要な特徴は、クライシスの名の通り、物理的損害や賠償責任の高額の支払いに止まらず、事業中断やそれに伴う売上げの減少、ブランド力の低下を招き、ドミノ倒しのように負の連鎖を引き起こして企業を財務的窮地に追い込むことである。さらに、金融機関からの高額の借入れがある場合には、問題はより深刻になる。〈図3〉は、そうした最悪のシナリオを簡単に表したものである。

〈図 3. 最悪のシナリオ〉

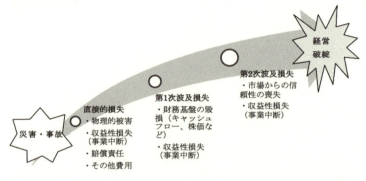

注：筆者作成

〈図 4〉は、リスクのドミノ現象について、東日本大震災で実際に発生した現象を大手保険ブローカーの Marsh が図解したものであり、2012 年に世界経済フォーラムのレポートに掲載されている。

〈図 4. 東日本大震災におけるリスクのドミノ現象〉

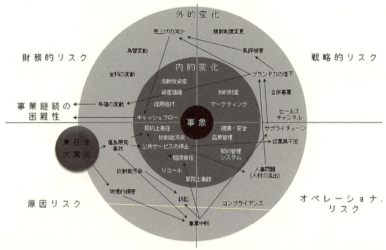

* WTC: World Trade Center（世界貿易センター）
注：保険支払いには、2010 年 3 月にニューヨーク市が約 1 万名のグラウンド・ゼロの労働者に支払った 65,750 万ドル及びその後の一切の支払を含まない。2001 年の保険支払総額：325 億ドル（約 3 兆 2,500 億円）
出典：Marsh Inc.2011.,World Economic Forum "Global Risks 2012 Seventh Edition"（日本語訳は筆者）

東日本大震災では、巨大地震と大津波により三陸から北関東に及ぶ太平洋沿岸地域が壊滅的被害を受けたが、〈図4〉では、東日本大震災による物理的損害が、事業中断、サプライチェーンの寸断、ブランド力の低下、売上げの減少、キャッシュフロー、株価の変動と次々に連鎖し、最後には事業継続の困難性に行き着いた一連の流れが分かる。また、福島第一原子力発電所の事故は、もう一つのドミノ現象、すなわち放射能汚染によって公共サービスの停止、賠償責任、従業員不足や人事問題（人材の流出）が発生し、さらに、ブランド力の低下とその後の連鎖を引き起こしている。

　ここでの重要な問題は、東日本大震災では負の連鎖を食い止められなかったために損害が拡大していったことである。地震と津波の規模が従来の想定を大きく超えるものであったことから、物理的損害が予想外に大きかったことも巨額損害となった要因であるが、復旧までに長期間を要したために財務上の負担が重くなり、事業継続をより困難にしたことも重要な要因である。

　防災により物理的損害を極力抑え、早期に操業再開が出来るようにBCPを徹底するとともに、復旧資金を迅速に調達できる経済的な備えを行っていれば事業中断期間を大幅に短縮することができた筈であり、その後の状況は大きく異なっていた可能性が高い。なお、福島第一原子力発電所事故は、放射能汚染という手の付けられない事態が前述の農水産品の風評問題を含めて負の連鎖と問題の深刻化を招いているが、今後への教訓としては、二度と放射能汚染事故を起こしてはならないということに尽きる。

(2) リスクのクラッシュ

　巨大自然災害や大規模な事故の場合には、複数のリスクが同時に現象となって発生することがある。

　2010年、BP社がメキシコ湾に所有していた石油掘削プラットフォーム「ディープウォーター・ホライゾン（運営はトランスオーシャン社）」が爆発・沈没し、11名の死者を出すとともに約490万バレル（78万 kl）の原油が流出して海洋汚染問題を引き起こす大惨事となった。この事故は1991年の湾岸戦争時の流出量約600万バレルに迫り、戦争を除く史上最大の海洋汚染となり、BP社は人的・物理的損害に加えて巨額の賠償金を支払うこととなった。

　石油の掘削は、簡単に掘削できる場所から次第に地中深く、そして深海に延

びていく。また、深海での掘削は、鉱区取得からから生産開始までに5～10年程度を要し、総開発費は数百億円から数千億円に達する。ディープウォーター・ホライゾンは水深1500mの海底から5500mの掘削パイプを使って石油を掘削するプロジェクトであったが、事故により利益を上げる前に開発費が全て水泡に帰しただけでなく、原油の流出を止めるために掛かった費用、海洋汚染除去費用、事故による死傷者に対する賠償、米国政府に対する罰金、汚染地域住民の健康被害に対する補償、漁業補償などが加わった。賠償責任については、これまでに決着した主なものとして、最大の原告団体との和解金として約78億ドル（7800億円）、罰金12.56億ドル（1256億円）を含む米国政府への支払約45億ドル（4500億円）などがある。これだけでも約123億ドル（1兆2300億円）に上るが、他にもメキシコ湾岸4州や民間団体に対する賠償問題などがあり、最終的費用はさらに膨らむことになる。

また、多くのリスクが同時に発動したケースとして、2001年9月11日のアルカイーダによる米国同時多発テロ事件がある。〈グラフ16〉は、米国同時多発テロの経済被害を保険支払いの内訳から見たものである。

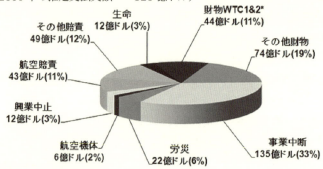

〈グラフ16. 2001年米国同時多発テロ事件における保険支払いの内訳〉
2011年価値に換算推定保険支払い総額： 400億ドル（約4兆円）
（2001年の推定支払実額： 325億ドル）

* WTC: World Trade Center（世界貿易センター）
注：保険支払いには、2010年3月にニューヨーク市が約1万名のグラウンド・ゼロの労働者に支払った65,750万ドル及びその後の一切の支払を含まない。
出典：Insurance Information Institute.

米国同時多発テロは、自然災害と戦争を除くすべての事象として史上最大の損害をもたらした事件であり、保険支払総額は現在価値（2011年時点）に引

き直すと400億ドル（約4兆円）に達する[28]。2棟の世界貿易センタービル（WTC）の他、隣接したオフィスビルやホテルなどが倒壊したことによる物理的損害合計118億ドル（保険支払総額の30％）に加え、事業中断を始めとして様々な保険に及んでいる。中でも、事業中断による支払135億ドル（同33％）は高額で、物理的損害に対する支払額を上回っている。また、ツインタワーに突っ込んだ2機の航空機（9.11同時多発テロでは4機の民間旅客機がハイジャックされテロに使用されている）の機体損害と航空会社に対する賠償責任が発生し、他にも多数の高額の賠償責任保険の支払が発生している。興行中止保険の支払は12億ドルに上っているが、この種の保険の支払額としては他に類を見ない。さらに、3000人を超える犠牲者と6000人を超える負傷者を出し、労災保険（6％）と生命保険（3％）においても高額の保険支払いが発生している。

　WTCがテロの標的になったのはこのときが初めてではなく、大規模なものとしては1993年2月にタワー直下の地下駐車場で発生した爆破テロがある。威力の強い爆弾テロではあったが、ビルの安全性（構造強度）には全く影響が出なかったことから、WTCの安全神話が生まれている。そして、いかなる事態でもビルが完全に倒壊するリスクはなく、大規模火災が発生したとしても延焼は数フロアーに止まるとされた。リスクの取扱いを生業とする保険会社ですら、2棟のビルを10以上のリスクに細分化しそれぞれに対して自社の財務体力に見合う保険引受を行っており、2棟同時の倒壊や、ましてや隣接するビルまでもが倒壊することなど全く想定していなかった。それに加えて、事業中断や労災、賠償責任、航空関連の保険にまで高額の支払が生じたため、多くの保険会社が財務的に逼迫する事態を招き、中には経営破綻する会社も出た。経営破綻した会社の中には、再保険を引受けていた日本の大成火災海上保険会社が含まれる。

　重大事故が発生した場合には異なった複数のリスクに同時に罹災する可能性があることを想定し、どのようなリスクが同時に発動する可能性があるかを検討し、それに備えることが重要となる。米国同時多発テロの場合は、リスクを厳正に管理しなければならない保険会社においても想定外の出来事となり、保険会社のリスク管理のあり方に見直しが迫られ、保険会社のERMの重要性が

---

28 参考：福島第一原子力発電所事故は自然災害による事故とされるが、内閣府原子力政策担当室による被害額試算（2011年10月25日）によれば、1号機から4号機の廃炉費用：9,643億円、損害賠償額：一過性の損害2兆6,184億円、年度毎に発生し得る損害分1兆246億円（初年度分）、8,972億円（2年目以降単年度分）で、合計：5兆5,045億円と米国同時多発テロ事件の損害額（保険支払額）を上回る。今後さらに大幅な拡大が見込まれている。

叫ばれるきっかけとなった。

(3) クライシス・マネジメントの基本的アプローチ

　企業の立地は、労働力の確保、大きな市場との距離、原材料及び製品の輸送、工業用水の確保など、様々な要素により決定されるが、地震、津波、台風、洪水などのリスクを軽減することも検討の対象となる。

　巨大自然災害や想定される重大事故に対して堅固な要塞のような建物、工場を作ることは経済合理性に合わない。たとえ自社の工場を要塞のように堅牢にしても、道路、鉄道、港湾施設が使えなくなれば操業の継続は難しくなる。取引先の罹災により流通及びサプライチェーンが寸断される場合も同様である。電気、ガス、水道のライフラインが寸断される場合、衛生状態の悪化によりパンデミックが発生して多くの従業員が就労不能状態になる場合にも操業は困難となる。

　他にも、大規模リコールの発生、第三者賠償責任、企業を標的としたテロ、サイバーテロ、大規模なシステムダウンによっても危機的事態の発生が想定される。これらのリスクも自然災害リスクと同様に、予防や損害軽減策の導入によりリスクの一部回避と影響度の緩和は可能であるが、これらを完全に回避あるいは除去することはできない。

　クライシス・マネジメントの対象となる突発的リスクの重要な特徴は、リスクの計量化が可能であるということであり、保険・再保険市場、保険リンク証券（ILS：Insurance Linked-Securities）を引受ける金融市場へリスクを移転することができる。一方、保険・再保険市場の最重要機能の一つが、大規模自然災害や重大事故などのリスクの受け皿として経済を支えていくことであり、金融市場も保険・再保険を補完する機能を拡大している。基本的にはリスクヘッジの需要に対してそれを受け止める市場がある。

　企業のクライシス・マネジメントのアプローチは、「i. 予防、防災、減災」「ii. 被災時の対応と早期復旧」「iii. 資本力の拡充」及び「iv. 経済リスクの移転と資金調達」の四つに大きく分けられ、この四つの方法を上手く組み合わせることにより最大の効果が期待できる。巨大自然災害を想定したクライシス・マネジメントを想定して、それぞれのアプローチについて検討を行う。

i. 予防、防災、減災

　災害の予防、防災、減災のためにまず重要なことは、想定されるリスクを極力避け、必要な防災対策を実施することである。〈表 8〉は、中央防災会議の分析による南海トラフ地震と首都直下地震の被害予測について防災による減災効果を示したものであるが、防災対策を講じることにより、経済被害総額を半減し、死者数をそれぞれ 5 分の 1、10 分の 1 以下に抑えることができる。

〈表 8. 減災効果の予測〉

想定地震	被害内容	対策なし	対策あり
南海トラフ地震	経済被害	220.3 兆円	112 兆円
（想定規模：M9.1）	死者数	32.3 万人	6.1 万人
	全壊・焼失家屋	62.7 万棟	118 万棟
首都直下地震	経済被害	95.3 兆円	45 兆円
（想定規模：M7 クラス）	死者数	2 万 3 千人	2 千人
	全壊・焼失家屋	43 万棟	2 万 1 千棟

資料：中央防災会議

　被害を小さくするためには、政府及び行政の防災対策が重要な役割を果たすが、同時に、住民や企業の自助努力も重要である。住民や通勤・通学者の早期避難、住居や工場などの建物の建築・建替えに当たっては軟弱地盤を極力避け、止むを得ない場合には地盤改良、耐震・免震対策を施して建物に十分な強度を持たせることが必要である。消防車、警察車両、救急車などの緊急車両の通行路を確保するために、住民や企業は地震直後には自動車を使わないことも重要である。

　関東大震災（1923 年 9 月 1 日）では 10 万人余の犠牲者が出たが、その 9 割が火災によるものであった。地震被害を大きく拡大させる最大の要因が火災であり、不燃素材の使用、耐火構造、消火システムの導入、爆発の可能性がある物質や施設に対する厳重な予防対策を行うことも重要である。現在は、関東大震災当時よりも耐火・消火面では向上しているものの、工場設備が大幅に高度化、高価値化している。設備の倒壊や毒物・化学物質等の漏洩による被害を最小に抑えるために生産設備や什器・備品を固定し、毒物・化学物質の漏洩対策を講じる必要がある。小さなリスク対策の積み重ねが、大きな効果を生み出すことを理解していただきたい。

津波及び高潮・高波、洪水に対しては、国家レベルの対応課題として沿岸地域の防潮堤、河川堤防の整備、地盤の嵩上、都市や工場地帯の排水能力の向上が必要である。企業においては、浸水リスクが想定される低地を極力避けるとともに、建物や生産ラインの周囲に防水壁を設けること、IT・データ管理を含む事業の中枢機能を浸水の心配のない上層階に置くこと、別の地域でのバックアップ機能の確保などの対策を行うことにより、被害の軽減とその後の早急な復旧を図ることができる。

　パンデミックについても事前に対策を用意しておくことにより被害を大幅に軽減することができる。対策としては、公には抗インフルエンザ・ウイルス薬の備蓄、プレパンデミック・ワクチン及びパンデミック・ワクチンの投与、人の移動及び物流の制限、感染者の隔離などの感染拡大防止対策が重要である。また、企業や個人が行うべき対策としては、不要不急の外出を控え、抗菌・除菌マスクの備蓄、公的医療機関や政府・自治体への協力により感染の拡大を抑え、社会・経済活動の中断期間を短縮することができる。

　企業は、個々に挙げた対策の検討・実施についてBCPを策定し、それを実践できるように体制を整備しておく必要があるが、耐震・耐火構造への切り替えなど防災対策や、BCPの検討・実施には費用が掛かる。数十年から数百年に一度の災害に備えてどの程度の費用を許容するかは経営上慎重な検討を要する問題ではあるが、被害を大幅に減少させることができれば、企業存続の可能性が高められ、かつ、その後の対応の負荷を大幅に減じることができる。このことは、阪神・淡路大震災、東日本大震災から我々が得た貴重な教訓でもある。

ii. 被災時の対応と早期復旧

　災害時の対応としてまず重要なことは、BCPに基づき従業員の安全を確保し、損傷した建物や生産ラインの応急処置、早期の操業再開に向けた手順、業務の優先順位の確認、最低従業員の確保、道路や鉄道、港湾施設が一部使用できなくなった場合の原材料及び燃料の代替入手方法・輸送方法、電気・ガス・水道の確保、取引相手・顧客への連絡、ITシステムのバックアップの稼動、他の地域の同業者からの協力の確保などの対応を迅速に行うことである。これらの一連の作業が迅速に遂行されれば、被害を最小限に食い止め、早期の操業再開が可能になる。また、BCMとして必要に応じてBCPの見直しと変更を行うこと

により、常に最善の対処方法を予め準備しておく必要がある。BCPの重要性と有効性については、東日本大震災における多くの企業の実際の例から明らかである。しかし、これだけでは十分ではない。

企業経営者は、事業中断、あるいは生産規模縮小により予定された利益が失われる中で、応急処置を行うための費用、通常通り発生する様々な費用の支払いとともに、本格的復旧のために必要となる資金を確保しなければならない。BCPの一環として必要資金を調達するためのリスク・ファイナンスが重要であるが、この問題の重要性については多くの日本の企業経営者の認識が十分ではないものと考えられ、本書の強い問題意識でもある。

iii. 資本力の拡充

資本力は企業のすべての事業遂行の最も重要な裏付けである。災害や事故により損害が発生した場合には様々な資金が必要になるが、必要資金の最大の源泉が資本力、あるいは純資産である。資産の種類としては、その中心に資本金があるが、準備金と組み合わせることにより合理的に資本力を拡充・確保することができる。

復旧に要する資金額については、大災害・大事故を想定して事業中断期間の損害額を含めて被害総額を見積り、自己資本と金融機関からの借入れ、保険の支払いなどにより復旧に十分な資金が確保できるように予め準備する必要がある。また、復旧資金は応急費用と本格的な復旧資金に分けられるが、応急費用については現金、預貯金の他、流動性の高い資産の売却、金融機関からの借入れが主な手段となる。一方、損傷した建物や生産ラインの本格的な復旧には、金融機関からの資金借入れに加えて、自家保険、保険からの支払い、追加資本の確保及び劣後債発行などを中心に調達することとなる。

金融機関からの資金の借入れについては、予め借入予約（コミットメント・ラインの設定、自然災害に対する借入予約としてはコンティンジェント・デット）を行っておくことが有効である。さらに、現時点での利用は限定的ではあるが、デリバティブなどの保険に類似した機能を持つ金融商品やキャプティブ保険会社の利用なども復旧資金確保の有効な手段である。

いずれの手段を用いるとしても一定程度の自己資本を有することが前提となり、特に金融機関からの資金の借入れは企業の財務状況と自己資本額の大きさ

によって大きく左右される。また、資本は災害や事故で被災した場合、あるいはそれ以外の理由で業績が悪化した場合には減少することがある。リスク・ファイナンスとの合理的組み合わせを検討する場合には資本のこうした特性も十分考慮する必要がある。

さらに、資本力の拡充は簡単にできる話ではない。増資、あるいは劣後債を発行する場合には、それに伴う配当の増額分を利益水準のアップにより賄うことが前提となり、投資家に対して事業計画を具体的に示した上で、理解と支援を得られるかが鍵となる。金融市場の状況も増資のタイミングを図る上で重要であり、金融市場が活発で、リスクを取っても新たな投資に向かう「リスク・オン」の状況であることが重要である。

一方、企業の資本政策の観点から、金融市場の状況が資本増強に有利であるとしても資本配当は将来に向けて続くため、発生確率の低い事象に対して資本増強により対応することは合理的ではないと判断されることもある。その場合、資本力を超える損害リスクについては必要な対価を払って第三者に移転する必要がある。

なお、資産の流動性について、不動産のような流動性の低い資産は現金化に時間がかかり、かつ災害に遭った場合には価値が大幅に下落することが予想される。そのため、リスク・ファイナンスの観点からは使い勝手の良い資産ではないが、不動産資産を証券化することにより予め流動性を高め、価値の安定化を図るなどの手段を採ることは可能である。

iv. 経済リスクの移転と資金調達

全ての経済リスクに対して資本力の拡充により対応することは経済的に合理的でない。重要なことは、発生の予防やBCPの徹底による損害の軽減努力とともに、資本力の拡充と第三者へのリスクヘッジを合理的に組み合わせ、どのような事態においても事業運営に致命傷を与えないレベルに経済リスクをコントロールすることである。

経済リスクを移転するためにはリスクを経済価値に数値化する必要があるが、大規模自然災害や火災・爆発事故の発生と予想損害額については、損害規模と発生頻度に関する様々なデータを工学的モデルにインプットすることによってリスクを経済価値に置き直すことが可能である。また、賠償リスクや商

品のリコールについても客観的にリスク量を推定することが可能である。そして、リスクの特性を考慮した上で、算出された数値に対して資本及び借入れ、保険、キャット・ボンドを始めとしたILSなどにより対応する。

また、損害を重大化させないためには、物理的損害に対して十分な経済的備えをして、リスクのドミノ現象を決定的にする「事業中断リスク」を極力小さくすることが重要であることは既に述べたが、さらに、流通及びサプライチェーンの寸断に対しても保険等の備えを行い、事業中断の長期化を避けることが重要である。

〈表7〉では、IT関連の「技術的／システム障害」「コンピュータ犯罪／ハッキング／ウイルス／不正アクセス」「知的財産／データの喪失」を突発的リスクとして整理した。それらのリスクについては、社会的データを用いて一定のリスク量の推定が可能ではあるが、情報量が近年急速に増大する中で、事故・事件の発生頻度と損害の巨額性については客観的予測が難しく、リスク移転は限定的にしか行えない。また、2014年11月にソニー傘下の米国法人のソニー・ピクチャーズが北朝鮮の関与が疑われるサイバーテロに遭い、脅迫により映画の公開が一時中止されて高額の損害が発生している。現時点では、サイバーテロのリスク移転も限定的にしか行うことができず、資本力を中心に備える必要がある。なお、サイバーテロのリスクの本質については第5章において説明する。

(4) 経済リスクの移転手段

経済リスクを移転する方法は、商品価格や為替の変動のように事業環境の変化による「事業環境リスク」と、火災や自然災害のような「突発的リスク」とでは異なる。

i. 事業環境リスクのヘッジ

商品価格は、石油を始めとしたエネルギーや天然資源の価格変動、あるいは為替の影響を大きく受ける。そして、変動幅が大きく影響が長期間に及ぶ場合には企業の存続を危うくすることがある。原材料価格や為替などの経済環境要因の変動に対しては、金融市場から金融先物やオプションを購入し、変動幅が予め想定した数値を超えるリスクをヘッジすることが可能であり、金融取引と

して広く世界中で行われている。キャッシュフロー及び流動性リスクについても、一定の水準（損害）に達した場合にその超過分を金融市場にリスクヘッジすることが可能である。これらの経済リスク量の推定は計量経済学の手法を用いることにより計算が可能であり、有名なブラック・ショールズ方程式はオプション取引の権利行使日を固定するヨーロピアン・オプション取引のプレミアム計算に用いられる。

　自然災害により物理的損害が生じるケースは、後述する保険やILSによりリスクヘッジすることが可能であるが、物理的損害を伴わない間接損害による利益の落込みについてもデリバティブにより金融市場にリスクヘッジが可能である。具体例として、現時点での利用は限定的であるが、天候不順や冷夏、暖冬などの気候変化などによりリゾート地の観光収入や衣料品の販売が落ち込むケースがあり、こうしたリスクは金融市場へのヘッジが可能である。最近の例では、2014年の2月に関東地方に数十年ぶりの大雪が降り、多くのイベントが中止され、遊園地やゴルフ場の中には長期間のクローズを余儀なくされるところが出たが、気候変動が激しくなってきている中で、リスクを見直し必要なヘッジを行う必要があろう。

　デリバティブは元々極端な経済環境の変動に対するリスクヘッジ手段として開発されたものであるが、近年では本来の目的から逸脱し、価格変動を利用して利益を得ることを目的とした投機的運用が盛んになって金融経済の肥大化を招いた重大な原因の一つとされる。しかしながら、金融市場には実体経済の10倍もの資金が溢れていることからリスクを受け止める市場として十分な資金規模を有しており、企業経営の安定化のために本来の目的でデリバティブ取引をリスクの移転、分散の手段として利用を拡大することは検討に値する。

ii. 突発的リスクのヘッジ

　突発的に発生する代表的重大事象が、火災や爆発などの事故や地震、津波、台風、洪水などの自然災害により、建物や生産ラインに物理的損害が発生するケースである。また、製造物の瑕疵により製品購入者や使用者が損害を被った場合の他、施設内の事故に起因する第三者賠償責任、製品の大規模リコールによっても大きな損害を被ることがある。これによって役員賠償責任を問われる事態は当該役員の賠償問題に止まらず、「ブランド力の低下」にも発展しかね

ない重大な問題となり得る。

　損害保険は急激かつ偶然の事故や事象により被った損害を補填する経済的仕組みであり、それらのリスクヘッジ手段として最も一般的に用いられる方法である。ただし、巨大自然災害の場合は、発生周期が数十年～数百年、さらには千年単位の災害も対象に含まれるため、必要な収支観察期間が超長期となり、かつ、損害額が突出して巨額になることから保険事業の数理的拠り所である「大数（たいすう）の法則」に乗らない。そのため、保険会社の自然災害リスクに対する引受能力には限界があり再保険市場へのリスクヘッジが必要になる。

　また、パンデミックに関連する経済被害は、人間の健康や生命に関する被害に止まらない。人的関連の経済損害としては、健康被害と死亡率の上昇による健康保険、生命保険の支払増加が見込まれるが、それ以上に公共交通機関の停止、外出禁止、国内外との交通・運送手段の遮断の他、公共サービスの制限・停止（これらは感染拡大を防ぎ早期に終息させるために必要な措置であるが）、企業の稼働率の低下あるいは事業中断により、企業と地域経済は甚大な損害を被ることが想定される。

　生命や健康被害についてのリスク移転は、健康保険と生命保険により行われる。日本の健康保険は国家保険であり、すべての国民が対象となっている。また、日本は世界的に生命保険の加入率の高い国であり、医療費と死亡した場合の家族に対する経済的備えは一定程度行われる。一方、事業中断による企業の損害は、損害保険やキャット・ボンド、デリバティブなどのILSにより移転することが理論上は可能であるが、備えを行っている企業は少ない。

　企業の経済的備えが手薄である背景には、企業経営者のリスクに対する意識の問題に加え、保険市場と金融市場の事情がある。パンデミックにより事業中断が発生した場合の損害額は大規模自然災害同様に巨額になり、また発生頻度の予測が難しいことから信頼性の高いリスクの計測ができない。そのため、保険会社もパンデミックによる経済損害に対する保険の引受けには慎重にならざるを得ないからだ。

　「テロ／サボタージュ」は、政治的、宗教的対立、部族間・民族間の対立などを背景とした誘拐、殺人、大規模な物理的破壊などを重要な目標とするテロと、限定的な物理的破壊に止まるサボタージュがある。現象として大きな差があるが、いずれも企業経営にとって重大なリスクである。〈表7〉で事業環境

リスクとして整理した「政治リスク／不確実性」と深く関連し、できることならそうしたリスクを回避することが賢明である。

日本では、浅間山荘事件（1972年）、三菱重工爆破事件（1974年）、日航機ハイジャック事件（1977年）など、1970年代には多くのテロ事件が発生した。1995年にもオウム真理教による地下鉄サリン事件を経験したが、日本企業が現実的脅威として切実に意識しているリスクは、実は海外にある。

2010年12月にチュニジアで発生したジャスミン革命をきっかけにエジプト、リビアなどのアラブ諸国に飛び火した「アラブの春」以降、多くの国々で政情が不安定になった。現在も混乱状況が続き、シリアの内戦は長期化している。さらに同国とイラクにまたがる地域でイスラム国なるテロ組織が勢力を拡大している。37名の日揮社員が犠牲となったアルジェリア人質事件（2013年）、2015年には日本人2名がイスラム国に拘束・殺害される事件も起きている。政治情勢や治安の乱れによっては今後も日本人と日本企業が標的にされるケースが考えられる。エネルギーの確保は多くの国々において国家戦略上の重要なテーマの一つとされているが、天然資源を殆ど持たない日本にとってはとりわけ重要な問題である。日本企業はこうしたリスクを認識していても資源国に進出せざるを得ない事情がある。

また、中国、韓国など反日感情の強い国もある。2012年9月11日の尖閣諸島の日本政府による国有化の後、中国では日本企業が標的にされ、放火や投石などにより大きな被害を受けた。こうした急激かつ偶発的なデモと見做される行動による被害は保険の対象とされるが、状況が常態化する場合には「急激かつ偶発的」という保険の原則が成立しなくなる。

テロ及びサボタージュに関するリスクについては、突発的に発生するリスクであり保険制度によりリスクヘッジすることが合理的であるが、一方、人間の意思と行為の問題であり、民間資本が運営する保険や金融市場はリスクの引受けに消極的である。現時点において、テロによる物理的被害に対しては、政府が運営する貿易保険の適用範囲であれば一定の補償が行われ、誘拐については損害保険による補償が可能ではあるが限定的である。

こうした事情に加えて、今後日本国内においても再びテロの発生がないとは言えず、米国、英国、フランス、ドイツを始めとした世界中の多くの国々にあるような政府の信用保証を前提としたテロ（再）保険プールの創設が必要であ

ろう。また、急速に社会問題化したサイバーテロは、犯罪性と潜在的損害の巨額性においてテロとの共通点があることから、テロ、サボタージュ、サイバーテロを同時に対象にした政府の信用保証による保険制度の創設について検討すべきであると考える。

5. 事業中断リスク

　事業中断リスクに対する世界的関心の高まりの背景には、グローバル経済の進展と取引関係の複雑化により、事業中断に至る事態の発生予測と衝撃度の予測が難しくなっていることと潜在的損害額の巨額性の問題がある。そして、スピーディーな契約履行が強く求められる中で、長期間の事業中断は企業のブランド、信用力を失墜させかねない重大なシステミック・リスクであるという認識がある。

　東日本大震災やタイ洪水では長期間の事業中断が発生し、製品・部品供給のサプライチェーンが寸断されたために世界中の多くの企業の生産・販売活動に大きな影響が出た。2010年のアイスランドの火山噴火では欧州発着の航空機の運航が数週間にわたって大混乱し、欧州を中心に物流が停滞した。米国同時多発テロ事件における保険支払いの内訳では、事業中断による保険支払いが2棟のWTCビルと隣接した建物の倒壊による損害額を上回っていた（112ページ〈グラフ16〉参照）。

　日本にも事例がある。2007年に発生した日本の大手電池メーカーの火災事故は、火災保険と利益保険の合計で280億円近い支払いとなり、国内で発生した火災事故としては最大級の保険損害事故となったが、事業中断による利益保険の支払いは5割を超える。さらに、火災事故の影響で国内外の取引先2社への携帯電話用の電池供給が滞り、その結果取引先メーカーの構外利益保険（流通及びサプライチェーンの寸断、取引先の罹災、あるいは交通・運送手段、水道・ガス・電気などの社会インフラの麻痺により原材料・製品の搬入・運搬ができなくなり、それにより発生する損害を填補する保険）により2社合計で約235億円の支払が発生している。保険支払額を物理的損害と事業中断に分けた場合、事業中断による総支払額は物理的損害額の2.7倍に達している[29]。

29　保険支払額は市場情報より筆者が推定。

今日では経済のグローバル化、経営の効率化のために企業の取引関係が複雑化しており、事業中断リスクの管理が難しく、流通及びサプライチェーンの寸断によるリスクが重大化する要因となっている。また、事業中断期間中は、売上げと利益が失われる一方で、人件費や社会保険料、税金、その他の費用は引続き発生するため、キャッシュフローに支障が生じ、経費負担が重くなる。さらに、金融機関から借入れを行っていた場合、収入がない期間のローン返済は企業経営にとって過重な負担となりかねない。

　近年の企業経営においては、高い経営効率が求められる中で原材料の在庫を極力少なくする「ジャスト・イン・タイム」方式が経営のグローバル・スタンダードとなっているが、この方式には重大なリスクが伴う。「ジャスト・イン・タイム」は原材料の大量在庫による操業継続手段を自ら断っているために、原材料の入荷が滞ると、たちまち事業中断が発生し、さらに、一度事業中断が発生するとドミノ現象も発生し易く、その後の復旧が困難になってしまう。

　「ジャスト・イン・タイム」を取り入れるなら、「ジャスト・イン・ケース（万一の事態の発生）」に対する備えを同時に考えておかなければならないということである。また、国際的な企業間取引の複雑化に加えて、輸送手段のスピードアップやITの高度な進展により経済社会の時間の尺度が近年大幅に短縮されたことも事業中断リスクが従来にも増して重要な対応課題となってきている背景にある。

　グローバルかつスピーディーな事業環境において取引相手として認められるためには、どのような事態においても契約内容の履行が確実にできることが重要な要件となってきており、またそのことを具体的に示していくことが求められる。しかしながら、それでも事業中断が発生することがあり、その場合には問題の拡大を防ぎ、事態を早期に収拾するための対応策を準備することが重要になる。そのためには、事業中断が起こった場合にはどのような費用が生じるのかをよく認識し、想定される費用を早急に調達できるように事前に手配しておく必要がある。

(1) 事業中断に関わる費用

　事業中断リスクを費用面から見た場合、多様な要素から構成されており、それらを正しく認識することによりリスク量を正しく把握することが可能にな

る。〈表9〉は、米国の調査会社 Garner 社が行った分析を、経済産業省が「停止期間費用の内訳」として纏めたものであるが、事業中断による費用は単なるその期間の収益損失だけではなく、実に様々な費用損失が発生することが分かる。

〈表9. 停止期間費用の内訳〉

費　用	種　類
生産性費用（Productivity Loss）	多数の従業員による時間報酬の超過
収益損失（Revenue Loss）	直接収益損失 賠償の支払い 将来収益の損失 支払い済みの損失 投資収益損失
毀損されたファイナンシャル・パフォーマンス（Impaired Financial Performance）	収益認識 キャッシュフロー ディスカウントの損失（未払い金） 支払い保証 クレジット・レーティング 株価
ダメージを受けたレピュテーション（Damaged Reputation）	顧客 サプライヤー 金融市場 銀行 ビジネスパートナー
その他費用（Other Expenses）	臨時雇用従業員 機器のレンタル オーバータイムコスト

出典：『先進企業から学ぶ企業リスク・マネジメント　実践テキスト』2005年3月経済産業省、原資料：Gartner, High Availability Networking, September, 2002

　110ページの〈図3〉では、直接的損失として物理的被害、収益性損失、賠償責任などが発生し、そこで収束できない場合には第1次波及損失として財務基盤の毀損が起こり、さらに第2次波及損失として市場からの信頼性を喪失し、遂には事業基盤が崩壊して復旧の道は閉ざされ、経営破綻に至る流れを説明した。その間の事業中断により発生する費用項目が〈表9〉に示されているが、項目の多さからも事業中断による追加費用は時間が経過するにつれて加速度がついて高額になることが分かる。重要なことは、事業中断が発生しても次の新

たな費用が発生する前に操業再開できるように BCP を整備し、その手段を遂行できるように資金面においても備えておくことである。

(2) 自然災害に起因する事業中断リスクのリスク移転の難しさ

火災や爆発事故の発生確率は過去のデータから精度の高い予測が可能であり、事業中断期間の損失についてもある程度の予測ができる。また、一回の事象での損害額は、高価値の産業施設であっても保険市場と再保険市場のキャパシティーで十分対応できる。したがって、リスクの正確な把握が難しい構外利益保険の購入が難しいという問題はあるものの、リスクヘッジは比較的容易である。

ところが、自然災害に起因する事業中断リスクについては、保険の数理基盤である大数の法則に乗り難いリスクが対象となるため、事業中断のリスク計測が非常に複雑になる。リスク量の推定に不確定要素が多く含まれるために信頼性に問題が生じ、さらにリスクの巨額性が重大な問題となる。

自然災害は、同時に多くの企業が罹災する集積リスクであるため、保険会社はリスクの引受けを自社の担保力（資本力と購入再保険キャパシティーの合計）の範囲内に抑える必要がある。ところが、保険会社は、建物や生産ラインに対する保険で既に自社の引受能力のかなりの部分を充当しているので、それに加えて事業中断保険の引受けを行うためのキャパシティーは余り残されていない。そのため、一企業当たりの保険引受金額は制限的になる。

自然災害リスクを想定した構外利益保険については、保険会社のリスク管理上の問題から引受姿勢はさらに慎重にならざるを得ない。ILS を通して金融市場にリスクヘッジする方法も考えられるが、具体的な商品開発は今後の課題である。

突発的リスクの移転は現時点においては必要なだけできるということではない。したがって、企業は防災の向上によりリスクの軽減に努めるとともに資本力を拡充し、その上で保険及び類似の機能を有する金融商品を上手く組合せて対応力を強化する必要がある。また、保険会社を始めとした金融市場においてもリスク引受キャパシティーの拡大に努める必要がある。

国レベルでも強靭化施策の一環として、企業の自然災害リスクに対して家計地震保険制度のような政府の信用供与によるリスク引受けのための仕組み、あ

るいは、官民がファンドを拠出して将来の大規模自然災害に備えて積み上げていく仕組みの創設を検討すべきである。

第4章
日本の企業経営者の甘いリスク認識

　この20年間に日本は阪神・淡路大震災と東日本大震災を始めとした幾つかの大規模自然災害を経験したが、それでも日本国民、特に企業経営者がリスクの実態と現実的脅威について正しく理解し、必要な対策を講じているのか、という点については大いに疑問である。

　本章では、グローバル・リスク、日本が直面するリスクに関する検討を踏まえて、日本人と日本の企業経営者の認識の甘さ、すなわち、リスクを意識せず、しかるべき対応を取らないことにより失うものが如何に大きいか、ということについて読者の皆さんの問題意識を問いたいと思う。

　当然、リスク対策を行うにはコストが掛かる。リスク対策の検討を行う場合には、対策を行う場合と行わない場合の費用対効果を検証し、その上で具体的対応について判断するが、そもそもリスクに対する認識が甘ければ判断を行うための客観的検討資料も用意されず、その結果必要な対策も取られないことになる。リスクを軽んじれば、致命的な結果を招くことがあることをよく考えておく必要がある。

1．日本人の甘いリスク認識

　第2章では、日本が直面するリスクとして三つの安全保障の問題を挙げた。すなわち、(1) 国土、(2) エネルギー、(3) 食料の三つの安全保障問題である。それらの問題は日本人にどれ程の切実感と切迫感をもって認識されているのであろうか。また、南海トラフ地震や首都直下地震が日本の国家予算に相当するような、あるいは上回るような巨大災害となる可能性があることが公表されているが、防災計画の見直しと対策に懸命に取り組む自治体の責任者、企業の防災担当者など一部の人達を別にすれば、果たしてどの程度の認識なのであろうか。

　筆者は、日本人と日本の企業経営者の認識がこれらの重要な問題について全般的に甘すぎることが大きな問題だと思っている。

まずは三つの安全保障問題と大規模自然災害の脅威について、日本人の認識のレベルを見てみる。

(1) 三つの安全保障問題への希薄な意識

三つの安全保障問題に共通する問題として、海洋資源問題がある。

日本は四方を海に囲まれ、また島嶼を多く保有するために広大な排他的経済水域（EEZ：Exclusive Economic Zone）を有している。EEZ は、自国の基線（海）から領海 12 海里、その先の接続水域（通関の取り締まりや法的規制を行うことのできる水域）12 海里を越えて、基線から 200 海里（約 370km）までの間の水域である。また、EEZ の確定は、国連海洋法条約に基づき、大陸棚基線から 200 海里を越えて延びている場合には最大 350 海里まで延伸することができる。EEZ においては経済的主権が及び、かつ資源の適正な管理や海洋汚染防止義務を負う。

〈図 5〉は、海上保安庁のホームページに載せられている日本の EEZ を示した地図であるが、日本の国土面積が約 38 万km²であるのに対して、領海と接続水域を含む EEZ は国土の約 12 倍に相当する約 448 万 km²の広さがある。また、〈表 10〉は、各国の EEZ と領海を合わせた面積を表したものであるが、日本の広さは世界で 8 番目である。

〈図 5. 日本の排他的経済水域（EEZ）〉

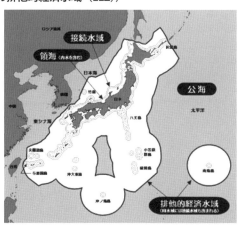

出典：「管轄海域情報管理〜日本の領海〜」海上保安庁　海洋情報部

〈表10. EEZと領海の合計面積上位10カ国（南極の権益を含まず）〉

順位	国名	EEZ＋領海の面積（km^2）
1	米国	11,351,000
2	フランス	11,035,000
3	オーストラリア	8,505,348
4	ロシア	7,566,673
5	英国	6,805,586
6	インドネシア	6,159,032
7	カナダ	5,599,077
8	日本	4,479.388
9	ニュージーランド	4,083,744
10	チリ	3,681,989

出典：Wikipedia, http://en.wikipedia.org/wiki/Exclusive_economic_zone（2015年1月時点）

　ただし、EEZの各国の面積は、英国などが持つ海外領土・自治領の扱いによって異なり、南極の権益をEEZに含めるかどうかによっても異なってくる。EEZの設定に関しては、主張が国家間で異なるため、確定されていない水域もある。本書ではウィキペディア（英語版）に掲載されている面積を参考として挙げたが、出所により各国のEEZの面積が異なっている。

　日本のEEZ内には世界的にも豊富な水産資源、鉱物資源がある。沖縄トラフ、伊豆・小笠原海域には水深が700～1600mと比較的浅いところに多くの鉱床が発見されており、日本の最も東の領土である南鳥島付近にはチタン、マンガン、コバルト、ニッケルなどのレアメタルとプラチナなどのレアアースを多く含む高品位のコバルトリッチクラストが幅広く分布する（本書では、レアメタルとレアアースを総称してレアメタルとする）。また、日本列島沿岸の海底には日本の年間消費量の100年分を超えると推定される大量のメタンハイドレートが眠っており、尖閣諸島から沖縄の西側に伸びる東シナ海の日中中間線付近には天然ガスが埋蔵されている。

　日本プロジェクト産業協議会の試算によれば、海底熱水鉱床、コバルトリッチクラストから採掘可能な鉱物資源の製品価値が180兆円、メタンハイドレートが120兆円相当あり、総額は300兆円にもなる。

　すなわち、EEZの問題は、国土・領海の延長線上の安全保障の問題そのもの

であり、同時にエネルギーの安全保障問題の切り札である。国内産の天然ガスやメタンハイドレートの開発と確保の重要性については第2章で話したが、最先端の「ものづくり」を産業の基盤に据える日本にとってレアメタルは無くてはならない資源であり、その重要性は今後さらに強まっていくものと予想される。また、島嶼周辺の海域には豊富な漁業資源があり、食料確保が次第に難しくなることが避けられない状況において、排他的に管理・利用できる水域は重要な役割を担う。EEZの管理と資源開発は、このように日本の将来の命運を握る重大な問題であるが、近年日本のEEZを取り巻く状況は厳しさを増している。ところが、国民の関心は高いとは言えず、日本の権益確保の先行きが危うくなってきていることは余り意識されていない。

　日本が設定しているEEZを巡っては、隣国が日本とは相容れないEEZの主張を行っており、日本が全ての海域において独占的に資源開発を行える状況ではない。〈図5〉の日本のEEZには、ロシアが実効支配している北方四島周辺が含まれており、韓国が占拠している竹島については竹島を除く両国の基点が重複するEEZを共同規制区域としている。

　〈図6〉は東シナ海の日本のEEZと中国の主張するEEZについて示したものであるが、両国の主張は異なっている。すなわち、日本のEEZは、「二国間でEEZに関する主張が異なる場合は、両国の基線からの中間線を境界にする」とする国際慣行に基づき日中中間線の東側を日本のEEZとするものであるが、中国は尖閣諸島を含め沖縄トラフまでが自国の大陸棚の延伸であるとして、そこまでを中国のEEZであると主張しているため、EEZが確定していない。国際法廷での決着を探る方法もあるが、提訴には相手国側の同意が必要であり、中国がそれに応じる可能性は低い。

　また、九州西方の日本のEEZについては韓国が済州島からの大陸棚延伸を主張しており、日韓の間の主張についても相違がある他、中国の主張するEEZと重なる区域もある。なお、日韓間においては日韓大陸棚協定（1978年6月22日発効、最低効力期間50年間）に基づく共同開発区域が設けられている。

　日本が、自らの主張するEEZ内で権益を確保していくためには、国家として堂々たる主張と資源調査、環境に配慮した開発などの取り組みを継続的に行い、実績を積み上げていく必要がある。また、日中中間線の僅かに中国側の地域では、天然ガスの資源調査と試掘あるいは採掘が行われており、同海域の地下の

〈図6. 日中間線と中国の主張するEEZ〉

出典：日本経済新聞 2010年7月28日

ガス資源が中国に一方的に採掘される可能性がある。これに対して日本政府は民間会社に天然ガスの試掘権を与えはしたが、日本政府による十分な保安態勢が敷かれていない状態であり、現状では試掘に至っていない。

また、公海上の資源開発と権益確保については、開発しようとする海域の調査・研究の実績、資源の採掘と環境保護などについて具体的計画を国連の機関に提出し、それが妥当であると判断されればその海域で排他的に資源開発を行うことができる。極地開発とともに地球上で最後に残された実質的な領土獲得のチャンスであり、当然、国家間の激しい競争となる。

日本の意識の希薄さは、ある時点まで世界を大きくリードしていたにもかかわらず、その後調査研究を止めてしまった結果、現在では状況が危うくなってきていることにある。

2000年代中盤までは「しんかい2000（1981年竣工）」、水深6500mまで有人で潜水可能な調査船「しんかい6500（1989年竣工）」、水深2500mの深海から地底下7500mまで掘削できる海洋調査船「ちきゅう（2001年起工、2005年竣工）」などを擁し、高い技術力を背景に日本が周辺諸国をリードしていたが、長引く景気停滞を背景に2000年代半ばから調査活動を大幅に縮小させてしまった。その間、中国、韓国などが重要な国家戦略として資源調査活動

に国を挙げて取り組んできた結果、既に多くの海域で日本の優位性は失われつつある。

また、中国や韓国の調査開発活動水域は公海上に止まらず、関係国の了解を取り付けた上でポリネシア諸国のEEZにまで及ぶ。〈図5〉の四国と沖ノ鳥島の間の公海（四国海盆海域）及び小笠原海台海域の約半分は日本の排他的資源開発が認められ、南鳥島沖の6海域についても2014年4月から15年間の独占探査権が認められたが、それ以外の有望海域においては中国や韓国、南太平洋に大きなEEZを有するフランスなどとの競争が熾烈になっている。

そうは言っても「技術面ではまだまだ日本に及ばないだろう」と高をくくっている読者もいることと思うが、日本の技術的優位も既に過去の話になりつつある。中国の潜水調査船「蛟竜号」は2012年に潜水深度で「しんかい6500」を大きく超える水深7020mに達しており、他にも7000mの潜水が可能なシーポール級潜水艇2隻を保有している。25年前に竣工した「しんかい6500」を改修しながら1隻の運用体制を続ける日本とは力の入れ方が違う。

IT技術や宇宙産業技術と同様に、日本の海洋技術は急速な進歩を遂げた中国や韓国に追いつかれ、それどころか幾つかの分野では既に後れを取っているのが現状なのである。

こうした現状に触れて目下日本では、海洋開発研究機構は地球で最も深いマリアナ海溝（水深1万911m）の最深部まで達することができる1万2000mの潜水調査能力を持つ「しんかい12000」の開発を目指している。この計画について、日本学術委員会は建造費を約300億円と試算し2023年の運用開始を政府に提言しているが、予算措置はまだ固まっていない[30]。

陸にエネルギーや鉱物資源を持たない日本にとって、海洋資源の開発・確保が非常に重要な意味を持つことに議論の余地はないが、国際法の規定に基づく日本の正当なEEZ権益に損害を及ぼしかねない他国の行動に対しても、外交上の配慮からか日本は非難の声明を出すのみである。第二次世界大戦終結までの中国や韓国における日本の蛮行に対する歴史認識問題が頭をもたげる難しい政治問題ではあるが、国家として堂々たる姿勢を資源調査・開発と保安活動により具体的行動で示さなければ、いつまでも資源採掘は進まず、日本のEEZ内に

---

30 産経ニュース　2014年5月26日

ある300兆円の資源の一部は絵に描いた餅になってしまう。

中国、韓国、ロシアなどの国々が国家資本を背景に海洋資源調査と開発に取り組んでおり、米国、英国、フランスはエネルギー・鉱物資源開発の巨大資本が政府の支援を受けながら取り組みを進めている。その中で日本の動きは緩慢である。海洋資源の調査・開発には多額の費用が掛かる。当然リスクも大きく、資金力に限界のある民間頼みでは国際競争上不利であり、資源の有効利用に至るまでのスケジュールは見通せなくなる。

海洋資源開発における日本政府の控え目な姿勢には次の事情があることが考えられる。すなわち、将来の資源確保に向けた海洋での調査・開発事業に巨額の税金を投入することの必要性は現在のところ国民生活から少し離れた問題であり、年金や医療、介護問題のようには理解されにくい面がある。また、研究・調査の成果はすぐに果実にはならないため費用対効果が見えにくいこと、科学的調査・開発には常に失敗のリスクがあり、失敗を許容する民意の形成ができていないこと、税金を投じて民間企業の事業を支援することの妥当性が問題視されかねないこと、などが障害になっている。

政府に対して積極的な関与を求めるためには、国民が日本の周りで起こっていることにもっと注意を払い、自分たちが非常に切迫状況におかれていることを理解し、声を上げる必要がある。国民の声なくして政治は動かないことを再認識すべきである。

資源の安定的供給確保は経済存立の問題であり、今、海洋資源開発に本腰を入れて取り組まなければ、目論んでいる海洋権益の一部は永遠に失われ、次世代の日本を担う我々の子孫は膨大な借金に打つ手なく押し潰されてしまうことになりかねない。官民が協力して社会資本を整備・充実させる方法をPPP (Public-Private Partnership) と言うが、そうした方法の導入を含めて取り組みを前進させる必要があろう。リスクを意識しないこと、リスクを取らないこと、すなわち、失敗を恐れて前進をあきらめることによる損失は、取り返しのつかないほど高くつくということを知っておくべきだろう。

(2) 世界の動きを意識しないことのリスク

BRICsに代表される新興国の経済的台頭により先進諸国の経済的強みは相対的に地盤沈下を起こしている。今後も先進国と新興国との格差縮小傾向は変わ

らないだろう。日本の経済的地盤沈下は G7 の中でも際立っており、その影響は様々な現象となって現れている。また、その原因が日本の不作為に因るところが大きいことが問題である。

i. 海と空の日本の玄関の地位低下

かつて神戸港は、ロンドン、ニューヨーク、ハンブルクと並んで世界の4大海運市場として名を馳せていたが、阪神・淡路大震災で受けた被害からの復興が遅れたために今日ではかつてのライバルに大きく水をあけられてしまった。世界輸送評議会（World Shipping Council）の調査によれば、2013年の貨物取扱量では神戸港を含む大阪湾の取扱量は28位に沈み、貨物取扱量の規模は世界最大である上海港の1／6強に過ぎない[31]。

現在の世界の上位には急速なアジア市場の経済発展を反映して、上海、天津などの中国の港、シンガポール、香港、釜山などのアジアの港が多くランクされているが、神戸港の経済的地盤沈下は、阪神・淡路大震災により甚大な被害を受け、完全復旧までに2年もの期間を有しているうちにハブ港の役割が他の港に移ってしまったことが大きい。その結果、神戸港を中心とした大阪湾はアジアの中規模の港にまで地位を下げてしまった。

しかし、震災から20年近く経った今も失地回復できない理由は復旧の遅れだけではない。重大な戦略上の失敗は、世界の港が船舶の大型化に対応するために水深を深くし、近代的設備の導入を行って競争力を高めたのに対して、復旧に際して大規模改修のための投資を行わなかったことであると考えられる。神戸港の場合には、被災をチャンスとして設備の大幅な改善を図るべきであったが、経済活動が低下傾向にあったために復旧資金の調達にも難航し、新たに大規模な設備投資が行われることなくチャンスを逃してしまった。「災い転じて福となす」という言葉があるが、神戸港の場合には事業環境リスクの認識の甘さが災いして「泣きっ面に蜂」になってしまった。

日本が世界の動きや時代のニーズに対応しなかったことによるその後の低迷は、大きな災害の影響を受けていない横浜、東京、大阪、名古屋の各港などもこの20年余りの間に大きく世界ランクを下げていることから分かる。同年の

---

31 World Shipping Council "Top 50 World Container Ports"

日本の港の最高位は、東京港、横浜港を含む京浜地区が 17 位、名古屋港が 49 位で、京浜地区の貨物取扱量でも上海港の 1／4 に過ぎない。
　空の玄関についても同様である。国際空港評議会（ACI：Airports Council International）の調査によれば、旅客数・利用者数において、羽田空港はアトランタ国際空港、北京首都国際空港、ロンドン・ヒースロー空港に次いで世界第 4 位であるが、国際線の旅客数・利用者数となると状況が変わる。〈表 11〉は 2011 年のアジアの国際線の旅客数・利用者数のランキングである。成田空港は韓国の仁川国際空港に次ぐ第 5 位にランクされ、同じ東京圏には国際線の運用を再開した羽田空港があり第 12 位にランクされている。しかし、成田空港と羽田空港の国際線の旅客数・利用者数を合計しても仁川空港に及ばない。
　成田空港は長く土地収用問題で揺れ、1978 年の開港以来 37 年経った今も不完全なままで、ようやく羽田空港の拡張により状況が一部改善されたものの、高額な発着料金、深夜・早朝の運行制限などの問題により、アジアのハブ空港は香港やシンガポール、東アジアでは仁川空港に移ってしまった。日本からの旅行者も多くが仁川空港経由で海外に旅行している。世界最大の経済都市東京の空の玄関としては残念な状況であると言わざるを得ない。

〈表 11．2011 年アジアの空港　国際線旅客数・利用者数上位 10 空港〉

順位	空港	国	旅客数・利用者数（人）
1	香港国際空港	香港	53,314,213
2	シンガポール・チャンギ国際空港	シンガポール	45,429,263
3	スワンナプーム国際空港	タイ	35,009,002
4	仁川国際空港	韓国	34,537,845
5	成田空港	日本	26,331,010
6	クアラルンプール国際空港	マレーシア	25,915,723
7	台湾桃園国際空港	台湾	23,137,062
8	北京首都国際空港	中国	*14,098,407
9	上海浦東国際空港	中国	*10,920,643
10	関西国際空港	日本	10,108,324
12	羽田空港	日本	7,267,172

注：* 2010 年
資料：国際空港評議会（ACI：Airports Council International）

　ハブ空港としての要件として、妥当な空港発着料金の設定、24 時間空港とすることの他に、大型の航空機が余裕を持って離発着できるように 4000m 級

の滑走路を数本持つことが標準となりつつあるが、日本には成田空港と関西空港に1本ずつあるだけで、成田や羽田には大規模な拡張の余地がない。他方、スワンナプーム、仁川、クアラルンプール、上海浦東の各空港は拡張計画を立てて利用客数の大幅増加を図り、アジアのハブ空港の地位を確立・強化するための取り組みを強力に進めている。

　遅まきながら、日本では成田を国際線窓口、羽田を国内のハブとしてきた従来の方針の限界に対して、石原慎太郎東京都知事（当時）の強力なリーダーシップによる羽田空港の再国際化と拡張、夜間の運行制限の緩和が引き金となり、国際便の積極的な増便と成田空港の日本の地方空港とのアクセスの強化、LCCの導入などの対抗策に着手している。経済的損失の大きさがようやく理解され失地回復に取り組もうというものであるが、空港そのものの大幅な拡張ができない以上、起死回生の策とまではいかない。日本の空港の地位低下は、長年の不作為が招いた重大な利益の機会喪失である。

　不作為を招いた背景には、日本の経済力が盤石の世界第2位であるという錯覚があったのではないだろうか。

ii. 日本の国際金融市場の地位低下

　かつて、東京証券取引所はニューヨーク、ロンドンと並ぶ世界3大証券市場の一つとされ、バブル経済絶頂の一時期には時価総額でニューヨークを抜いて1位になるなど長く世界経済の中心の一つとして光を放ってきた。しかし、現在、データによっては第3位には香港やシンガポールが入り、東京より上位にランクされているものもあり、東京の地位は危うくなってきている。

　最近よく使われる「金融センター発展指数（銀行、証券、保険などの金融行全体を市場・都市・地域を指数として評価）」は、「金融市場」「成長・発展」「物的サポート」「サービス」「環境」の5つの項目から世界の金融市場を評価している。〈表12〉は、2014年の総合評価の10大市場を示したものである。東京は、アベノミクス効果による株価の上昇によりニューヨーク、ロンドンに次いで第3位に入ったが、2013年は香港に抜かれて第4位に落ちている[32]。また、表には示していないが、成長・発展指数では2010年以降、上海がトップを走り、

32　Xinhua-Dow Jones "International Financial Centers Development Index 2014"

香港、シンガポール、北京も東京を上回る年が増えており、総合評価順位以上に東京の地位低下は深刻である。他方、ニューヨーク、ロンドンは、アジアの市場が高い成長を遂げる中でも総合評価で第1位、第2位をキープし、成長率でも常に3位～5位を維持し、健闘している。

〈表12. 2013年10大国際金融センター（発展指数）〉

順位	金融センター	国	ポイント
1	ニューヨーク	米国	87.72
2	ロンドン	英国	86.64
3	東京	日本	84.57
4	シンガポール	シンガポール	77.23
5	香港	香港	77.10
6	上海	中国	77.10
7	パリ	フランス	64.83
8	フランクフルト	ドイツ	60.27
9	北京	中国	59.98
10	シカゴ	米国	58.22

資料：Xinhua-Dow Jones "International Financial Centers Development Index 2014"（2014年11月公表）

　金融市場には、他にもグローバル経済の発展に併せて1980年代以降急速に膨張したオフショア・タックスヘイブン市場がある。タックス・ジャスティス・ネットワークによれば、控えめに見ても2010年末時点で21兆～32兆ドルの基金（推計）がオフショア・タックスヘイブン市場に置かれている。本書ではオフショア・タックスヘイブン市場の内容や動向について詳細な説明は行わないが、秘密主義、低税率（もしくは無税）、実体のない企業登記を柱にタックスヘイブン市場は国際金融の巨大市場に膨張している。

　そして、これほどの巨額の基金が、信託、投資信託、ヘッジファンド、キャプティブ保険会社などを通して、カリブ海の4大ヘイブン（ケイマン諸島、英領ヴァージン諸島、バミューダ、バハマ）を筆頭に、ジャージー島、ガーンジー島、マン島、さらにはスイス、ルクセンブルク、シンガポールなどに置かれている。

　ここで気づいた読者もいると思うが、タックスヘイブン市場には英国領の島嶼が多い。かつて7つの海を制覇した英国は、現在も14の海外領土を保持している。そのうちバミューダ、ケイマン諸島、英領ヴァージン諸島、ジブラルタル、タークス・カイコス諸島、アングィラ、モントセラト島の7つの島嶼国がタックスヘイブンであり、同じくタックスヘイブンのジャージー島、ガーン

ジー島、マン島は英国王室の属領である。英国はさらに、主権のない米国の「ドル」に対してユーロダラーを創設するなど、ロンドンのシティーにある国際金融センターに加えてタックスヘイブンや信用取引による国際金融事業においても抜け目なく世界をリードしている。

　他方、米国は、EU や OECD との協力の下、タックスヘイブンが租税回避地となったり、テロ組織の資金や犯罪に関する資金のマネー・ロンダリング（資金洗浄）に使われている可能性があるとして、同国の資金が大きく流れ込んでいるとされるカリブ海のタックスヘイブンやスイスなどに厳しく臨む姿勢を打ち出している。ところが、米国では州毎に会社法や税額控除などの規則を定めることができるため、州間で企業を呼び込むために有利な条件を提供する競争が起こっている。

　企業の立場としても、会社の設立と経営、株主対策などに有利な州を選んで登記することが合理的である。その結果、全米企業の売上高ランキング「フォーチュン 500」に入っている米国企業の約 6 割がデラウェア州に登記されている。

　〈表 13〉は、ビジネス・インシュアランス社の調査を基に世界のキャプティブ保険会社の登記地を地域別に纏めたものである。2013 年時点で世界には 6,559 社のキャプティブ保険会社があるが、内訳を見ると北米における登記数はカリブ海地域に次いで多く、米国のバーモント、ユタ、ハワイ州などがキャプティブ保険会社の誘致に積極的である。さらに、米国経済の回復もあり増加率では 12.6％と他の地域を上回る伸びを示している。

〈表 13. キャプティブ保険会社登記地域の内訳〉

登記地域	2013 年	割合（％）	増減（％）	2012 年	割合（％）
北米	2,519	38.4	12.6	2,238	37.0
カリブ諸国	2,892	44.1	8.4	2,668	44.0
ヨーロッパ	1,003	15.3	- 0.7	1,010	16.7
アジア太平洋	144	2.2	2.1	141	2.3
合計	6,559	100.0%	8.3	6,057	100.0%

資料：Business Insurance "2014 CAPTIVE Managers and Domicilles"

　米国には企業活動の秩序の維持とタックスヘイブンと戦いながらも多くの州に自由度の高い経済市場や金融市場が形成され、ニューヨークとともに経済を支える体制があるということだ。

　なお、日本では保険業法によりキャプティブ保険会社は設立できない（正確

には、設立しても保険会社としては認められず、保険会計制度を始めとした保険会社用のルールが適用されない)。そのため、約100社と推定される日本の大手企業のキャプティブ保険会社は、全てオフショア市場に設立されている。

　日本では東京市場の相対的地位の低下が進む中でも、1986年の東京オフショア市場創設以外には新たな取り組みや市場形成のための具体的動きは見られない。2014年3月28日の政府発表によれば、国家戦略特区として東京圏(東京都、神奈川県、千葉県成田市など)が国際ビジネス及びイノベーションの拠点として認定され、優遇税制の適用や世界標準のビジネス環境の整備によるグローバル・ビジネス都市への大改革を謳っているが、これまでのところ民間資本の大きな動きは見られない。

　ルールを変えようとする時、あるいは特別ルールを導入しようとするには、必ず既存の利益を失う者が抵抗する。また、変更はリスクを伴うので、現状維持を主張する人は必ずいる。改革派が現状維持派を押さえ込むだけ力を持っていないのが日本の現状であろう。しかし、世界経済と金融市場は、変化に伴うリスクを乗り越え大きな変化を遂げている。失敗を恐れて何も手を打たなければ、日本は世界との競争から取り残されることになる。

　米国と英国はそれぞれニューヨークとロンドン市場の2大市場を持ち、G7やOECDの金融問題のリーダー的存在としてタックスヘイブン市場の行き過ぎを抑制しようと諸外国に呼びかけているが、その実は現実を見据えて強かである。一方で、シンガポールや上海を始めとしたアジアの新興金融市場が柔軟な規制・制度と低率の法人税を掲げて目覚ましい発展を遂げており、事態を放置すれば国際的金融市場としての東京市場の更なる地盤沈下は必至である。

　日本がどのような戦略で臨むべきか、ということについては議論の余地があろう。重要なことは日本が再び3大金融市場の地位を確固たるものとし、アジアの金融のハブになろうとするなら現状の大幅な変更が必要であり、公平性と透明性を維持しながらも強かでなければならないということだ。

　また、国際金融市場として発展を期す場合、金融諸制度の見直しに加えて、外国人が仕事をし、家族とともに生活するための環境整備が必要である。英語は国際的金融市場における絶対的言語であるが、シンガポールや香港は英語が公用語であり上海においても英語で生活ができる環境作りが進んでいる。2020年の東京オリンピック開催と併せて日本でも外国人が生活し易い環境整

備を行わなければならない。

(3) 日本の自然災害リスクに対する世界の評価

　日本は環太平洋造山帯の上に位置し、地震大国であり火山も多い。事実、外国人が日本に住むときにまず思い浮かべる不安は言葉の違いと地震であることが多い。また、台風にも度々襲われる。災害大国であるとよく言われるが、それが世界的に見てどれほど際立ったことなのかということについて、日本人は理解していないように感じられる。

　気象庁によれば、日本および日本の周辺で世界中の地震の約1／10が発生しており、2000年～2010年の平均でM8.0以上の地震が年間0.2回、M7.0～7.9の地震が3回発生している。また、台風は1981年～2010年の間、年間平均26個発生しているうち約3個が日本に上陸し、約11個が日本から300km以内に接近している。発生した台風の半数以上が日本を目がけてくる計算である。

　日本が世界的な自然災害大国であることは客観的事実であり、グローバル経済の下で日本企業が国際競争を戦っていく上で不利な点である。

　自然災害による予想被害数値においても日本は世界的に際立っている。大手再保険会社のスイス再保険会社が、世界の616の大都市圏を対象に地震、河川洪水、強風、高波、津波の五つの自然災害の脅威を潜在的被災人口、喪失労働日数価値、喪失労働日数の当該国の経済への影響について調査を行っている[33]。〈表14〉はその内、自然災害の潜在的被災人口及び喪失労働日数による総合ランキングを抜き出したものであるが、世界のトップ10に東京－横浜、大阪－神戸、名古屋の3大都市圏が入っており、喪失労働日数価値による順位では日本の3大都市圏がトップ3を占めている。

　日本の3大都市圏が世界で最も自然災害の脅威に晒されているという調査結果や中央防災会議が発表した南海トラフ地震や首都直下地震の想定被害数値、また実際に起こった東日本大震災の状況を見てもあまり心配いらないと考える読者がいるならば、その人は相当の楽観主義者であるか、脅威に対する感覚が麻痺しているかのいずれかであろう。

---

[33] Swiss Re, "Mind the risk – A global ranking of cities under threat from natural disasters" 2013

〈表14. 自然災害の潜在的被災人口と喪失労働日数による総合ランキング〉

順位	大都市圏名	潜在的被災人口（5つの災害の合計）（百万人）	大都市圏名	喪失労働日数価値（グローバル・インデックス、5つの災害の合計）
1	東京－横浜（日本）	57.2	東京－横浜（日本）	4.50
2	マニラ（フィリピン）	34.6	大阪－神戸（日本）	2.71
3	珠江デルタ（中国）	34.5	名古屋（日本）	2.69
4	大阪－神戸（日本）	32.1	珠江デルタ（中国）	1.78
5	ジャカルタ（インドネシア）	27.7	アムステルダム－ロッテルダム（オランダ）	0.96
6	名古屋（日本）	22.9	ロサンゼルス（米国）	0.93
7	コルカタ（インド）	17.9	ニューヨーク－ニューアーク（米国）	0.62
8	上海（中国）	16.7	サンフランシスコ（米国）	0.47
9	ロサンゼルス（米国）	16.4	パリ（フランス）	0.46
10	テヘラン（イラン）	15.6	台北（台湾）	0.39

出典：Swiss Re, "Mind the risk" 2013

　日本は、数々の大規模災害を経験して国を挙げて防災と減災に取り組んできている。長年の取り組みにより日本の防災技術・体制は世界で最も進んでいるとされるが、日本の3大都市圏には人口と高価値の産業施設が集積するため、自然災害によるインパクトという点では世界で最も大きな影響が出ると予測されているのだ。巨大災害に対する日本の国土強靭化は道半ばであり、その必要性は安倍政権の単なるキャッチフレーズではない。

　こんなハンディキャップを負って日本企業と経済がグローバル経済の下で競争に勝ち残っていくためには、如何なる場合にも製品供給を止めないこと、経済の循環を止めないことを世界に示していく必要がある。反対に、日本企業と産業が災害に対して強い抵抗力を持っていないという評価が定着すれば、グローバル経済が高度に発達した今日、日本企業の競争力を大幅に減じることにもなる。日本企業は、防災と減災に努力するとともに、操業停止、あるいは規模縮小に追い込まれるような事態になっても、早期に復旧を果たせるよう自主再生能力を高めておくことが重要である。

　第3章で詳しく述べた通り、日本発の経営モデルである「ジャスト・イン・タイム」は長期間に及ぶ供給停止を許容しないシステムであり、それを採用する限り必要なコストを掛けて自社の操業停止が長期間に及ぶことのないようにBCP及びリスク・ファイナンス体制を整備する必要がある。ところが、日本企

業は効率性の追求には熱心であるが、リスクに対してコストを掛けて対応するという話には見て見ぬ振りをする傾向が強い。

　日本は「ものづくり」の国であり、今後も「ものづくり」を産業の基盤に据えて経済の維持・発展を展望せざるを得ないことは日本国民のコンセンサスを得ている。そのためには、これからも日本製品の高い完成度と経営の効率性の追求が求められるが、グローバル経済が高度に進展して、事業中断リスクが重大な経営的課題となってきている今、日本経済と企業は自然災害に対する自主再生力の向上を図りそれを示すことが世界から取引相手として認められる重要な条件となる。

2．日本の企業経営者の甘いリスク認識

　自然災害の脅威は頭の中では理解されていても、重大な危険がすぐ傍にまで迫ってきているということでなければ切迫感を持つ人は少ない。また、災害対応の関心は「命」を守ることに止まっており、経済損害に対する備えの重要性やそのための金融的仕組みを創設・整備すべきであるという話に及ぶことは殆どない。日本人の経済的感性は随分気楽であるようだ。

　企業経営者の重要な役割は、いかなる事態においても自社の操業継続と株主、取引先、従業員などのステークホルダーに対する責任を全うすることであるが、BCP対策は行っていても、経済被害を推定して対策を講じている経営者はどれほどいるのであろうか。想定外の災害が頻発する中で、企業の生き残りのためにはクライシス・マネジメントとリスク・ファイナンスをしっかり行う必要があるが、そのためにはまず正しいリスク認識を行う必要がある。

　本章では、代表的なリスクとして地震と気象災害の被害想定を取り上げる。

（1）地震被害想定

〈表15〉は、中央防災会議が発表した近い将来発生が予想される主な地震の被害想定を纏めたものである。また、参考として東日本大震災と阪神・淡路震災の被害数値を載せた。東日本大震災と阪神・淡路震災の経済被害額には波及被害が含まれていないため、比較上の妥当性の問題はあるが、想定される地震の巨額性は十分理解できるものと考える。また、表の右端に経済被害のGDP

に対する割合を計算して載せた。

〈表 15. 地震被害の予測〉（2015 年 3 月時点）

地震名	死者 ・行方不明者	建物全壊 ・焼失棟数	経済被害 （兆円）	GDP に対する割合 （％）
首都直下地震	23,000	430,000	95.3	19.5
東海地震	9,200	460,000	37	7.6
東南海・南海地震	18,000	628,700	57	11.7
南海トラフ地震	323,000	2,386,000	220.3	45.1
近畿直下地震	42,000	970,000	74	15.2
中部直下地震	11,000	300,000	33	6.7
〈参考〉				
[*1] 東日本大震災	18,000 超	130,000	16.9	3.6
[*2] 阪神・淡路大震災	6,437	105,000	9.6	1.9

出典：中央防災会議及び作業部会　それぞれの地震被害想定結果公表資料
注：
・首都直下地震、南海トラフ地震以外は東日本大震災発生以前に行われた被害想定
・GDP（名目）：2014 年 488.0 兆円（内閣府）、東日本大震災、阪神・淡路大震災は各年度 GDP
・[*1] 死者・行方不明者：警察庁統計 2015 年 3 月時点、経済被害：内閣府推計
・[*2] 死者・行方不明者：消防庁確定 2006 年 5 月 19 日、経済被害：国土庁推計

M9.1 の巨大地震と大津波を想定した南海トラフ地震の経済被害は、最大で総額 220.3 兆円、内直接経済被害が 169.5 兆円と推定されており、東日本大震災の経済被害推定額 16.9 兆円の 10 倍にもなる。さらに、推定経済被害総額は GDP の 45.1％にもなり、2014 年度の一般会計予算 96 兆円の 2.3 年分、税収 50 兆円の 4.5 年分にもなる。富士山が誘発噴火する事態は想定されていないが、宝永噴火のように巨大地震によって誘発噴火を起こした場合の経済被害額はさらに巨額になる。

なお、M9.1 の巨大地震の発生確率は公表されていないが、地震調査研究推進本部は南海トラフで「M8～M9 クラスの地震が 30 年以内に 70％程度の確率で発生する」と予測している（2015 年 1 月 14 日現在）。

もう一つの現実的な脅威として首都直下地震があるが、「今後 30 年以内に南関東において地震発生確率 70％以上と予測される M7 程度の地震」により発生する経済被害は最大で 95.3 兆円、内直接被害による損害額は 47.4 兆円と推定されており、東日本大震災の経済被害額の 2.8 倍に相当する。中央防災会議の作業部会は、対策を行うことにより経済被害総額を 45 兆円にほぼ半減できるとしているが、これでも国家予算の 5 割近い巨額の被害となる（115 ページ〈表 8〉参照）。

東日本大震災関連の復興予算は、当初 2011 年度から 2017 年度までの 5 年

間で 19 兆円とされていたが、2013 年度の予算案検討において 6 兆円上積みされ、5 年間の総額は推定被害総額 16.9 兆円を上回る 25 兆円に引き上げられた。その財源には、歳出削減に加えて、JT 株や新たに追加された日本郵政株などの政府資産の売却の他、所得税、住民税、法人税の上乗せにより 10.5 兆円を捻出することが見込まれている。法人税については 2012 年度より既に決定されていた減税を実施した上で 3 年間 10％を上乗せ、住民税は 10 年間に亘って年額 1000 円の上積み、所得税においては 25 年間もの長きに亘って 2.1％を税額に上乗せするものである。なお、法人税率の上乗せ分については、国際競争上税率が高過ぎるために日本経済の活力を削いでいるという事情があり、2014 年 4 月からの消費税率引上げとアベノミクスによる経済効果の維持のために 1 年前倒しで撤廃された。

　本質的問題は、1000 兆円を超える政府債務を抱える日本が 25 兆円を捻出するには 25 年もの年月を要することである。このような状況では、将来の大規模自然災害に対しては、災害復旧・復興のためといっても、大きな財源を新たな国債の発行や税に求めることは非常に難しいと考えざるを得ない。今後発生する大規模自然災害に対して、政府が東日本大震災と同様な財政措置を講ずることができるとは考えない方がよさそうだ。

(2) 気象災害想定

　気象災害ついては、伊勢湾台風（1959 年）以降既に半世紀以上もの間日本には大規模な気象災害が発生していない。そのため地震に比べて災害の脅威がピンと来ない人が多い。しかし、昭和年代半ばまでは伊勢湾台風とともに昭和の三大台風と呼ばれる室戸台風（1934 年）、枕崎台風（1945 年）を始め、多くの大型台風が相次いで日本列島を襲い、甚大な被害をもたらしている。

　気象災害の場合、地震や津波、火山噴火などと異なり痕跡が残らないことが多いため、近代的気象観測が行われるようになる以前の災害については余り分かっていない。限られた情報ではあるが、江戸時代末期の 1828 年に日本を襲ったシーボルト台風の勢力は昭和の三大台風を上回り、過去 300 年間に日本に影響を及ぼした台風の中では最強と言われている。研究者により推定気圧は異なるが、台風の名前の由来でもあるオランダ商館付きのドイツ人医師シーボルトの観測やその他の資料から、上陸時の気圧は 900 〜 930hPa であったもの

と推計される。他にも、989年に近畿地方を襲った永祚の風、1281年の弘安の役（第2回目の元寇）台風、1856年の安政江戸台風なども様々な歴史的記述により、相当な破壊力の台風であったものと考えられている。

今後は地球温暖化の影響によりさらに巨大な台風が日本を襲うことが予想される。台風のエネルギーは海水面温度と密接に関連しており、海水面温度が高ければそれだけ勢力は増す。世界的に中世（800〜1300年頃）の地球の気温は高めであり、日本も平安時代から鎌倉時代にかけては気温が高めであったとされるが、現在ほどではなかったと考えられている。江戸時代から昭和年代中頃の期間は確実に現在より平均気温、海水面温度は低かったが、それでも大型の台風が発生している。今後、地球温暖化が進行する中で台風は我々がこれまで経験したことのない規模に巨大化し、降雨も激烈化することは間違いない。

世界最大の被害を記録した2005年のハリケーン・カトリーナや日本企業も多く被災した2011年のタイ洪水は、地球温暖化の影響により災害が巨大化した例とされる。2013年11月4日にフィリピンを襲った台風ハイエンも地球温暖化の影響により巨大化した例とされ、最低気圧895hpa、中心付近の風速87.5m/s、最大瞬間風速105m/sという世界の観測史上最大の勢力を記録した。この時期のフィリピン周辺の海水面温度は29℃であり、8月、9月の日本周辺の海水面温度より高いので日本にこの規模の台風が襲来する可能性は低いが、可能性がまったくないわけではない。

強風対策としては、建物や屋根の構造を強化し、窓やドアには金属製のシャッターを付け、窓ガラスを飛来物で簡単に砕けないように強化ガラスとすることで被害を軽減できる。日本では多くの建物が数十年ごとに建替えられるため構造が強化されてきているが、台風の巨大化傾向を踏まえて更なる対応を検討する必要がある。また、東南アジアに進出している企業は台風ハイエンを超えるレベルの台風の脅威に備えておくべきである。

強風以上に予防・軽減が難しい重大なリスクが高潮と洪水である。伊勢湾台風、ハリケーン・カトリーナ、タイ洪水などの気象災害で巨額の被害をもたらした主な原因は、高潮と洪水であった。温暖化は台風の勢力を強く巨大化させ、5〜10mの高潮・高波が日本沿岸を襲うことも予想される。

河川氾濫により都市部が浸水する場合も甚大な被害が発生する。〈表16〉は、洪水に関する中央防災会議の研究から利根川と荒川が氾濫した場合の被害予測

を抜粋したものである。

〈表 16. 河川氾濫時の被害想定〉

	利根川の氾濫	荒川の氾濫
想定決壊箇所	埼玉県加須市	東京都北区
浸水面積	約 530 km²	約 110 km²
浸水区域内人口	約 230 万人	約 120 万人
浸水世帯数　床上浸水	約 68 万世帯	約 45 万世帯
床下浸水	約 18 万世帯	約 6 万世帯

出典：中央防災会議「大規模水害対策に関する専門調査会」

　利根川が氾濫した場合の浸水面積（約 530 km²）は、伊勢湾台風の浸水面積（約 310 km²）、ニューオリンズ一帯を水浸しにしたハリケーン・カトリーナの浸水面積（約 374 km²）をも大幅に上回る。利根川や荒川の氾濫想定に関する経済被害額の推定は出されていないが、東日本大震災における全壊住家が約 13 万棟、半壊が約 27 万棟であったので、地震・津波と洪水という違いはあるが、大規模な河川氾濫が発生して住宅密集地や都市が浸水被害にあった場合には、大規模地震に匹敵する巨額の経済被害となることが予想される。

　なお、ハリケーン・カトリーナでは約 16 万戸の家屋が浸水被害に遭い、総経済被害額は東日本大震災と阪神・淡路大震災の中間に相当する 1250 億ドル（約 12 兆 5 千億円）に達している。

　想定外の災害が世界で発生する中で、想定されている利根川や荒川の洪水、あるいは、45 ページの〈図 1〉で示した大阪湾、東京湾、伊勢湾の洪水に備えて防災と経済的備えを進めることは当然であろう。

　さらに、地域は限定的であっても都市部や工場地帯が局地的大雨（ゲリラ豪雨）に襲われ排水機能を上回る降雨があった場合には、浸水被害が発生する。この場合の経済被害は、広域が浸水被害に遭うケースより小さくはなるが、個々の企業の問題としてはこれまで洪水リスクは小さいと考えていた場所にも浸水リスクが生じているということであり、備えの必要性ということでは同じである。

　日本の堤防整備率は現在 6 割程度であり、整備を急ぐ必要があるとともに、地球温暖化による海水面の上昇予測、最近の降雨の激烈化傾向を踏まえて堤防の嵩上げや強度の補強も必要になってくる。

3．不完全なキャット・モデル

　地震・津波、台風や洪水の規模と発生確率、被害想定などの予測は、今日の人々の生活と社会・経済活動において非常に重要な役割を占めている。こうした自然災害リスクの測定（リスクの発生頻度と大きさ、経済被害などを予測して数量化すること）は、工学的モデルであるキャット・モデル（Cat model）を用いて行われるが、こうした技術は災害の規模や被害の予測のみならず、保険や災害を対象とした金融商品の料率計算においてもなくてはならない技術である。

　しかしながら、地震学者は、地中、海底のことについてはまだまだ未知の事柄が沢山あると言い、気象学者は、データ量が少ない上に地球温暖化による影響を正確に反映することは難しいと言う。すなわち、現代の最高の英知を結集して作り上げたキャット・モデルといっても、基礎データが少な過ぎるために、算出された数値はリスクを過小評価していることになる。実際に、三つの震源域が同時に連動した M9.0 東日本大震災と巨大津波を想定していたキャット・モデルや研究者は見当たらない。阪神・淡路大震災についても、中央防災会議による震災前の発生確率予測では 0.02％～8％とされていた。

　ハリケーン・カトリーナやタイ洪水も想定外の災害であったが、これまでに経験のない状況をキャット・モデル上で反映して災害予測を行うことは容易ではない。

　日本では各地で豪雨による洪水被害が頻発するようになっている。これを受けて気象庁では新たに「これまでに経験のない豪雨」「人命を最優先に避難を行うように」という強い警戒を呼び掛ける言葉を使うようになった。また、2013 年 8 月 30 日からは、警報の発表基準を遥かに超えるような甚大な被害が発生する恐れがある場合に、新たに「特別警報」を発表するようになった[34]。これまでの想定を超える事態が発生しつつあるということを気象庁が認識しているということでもある。

　したがって、キャット・モデルによる計算予測結果は絶対的な数値ではない。

34　気象庁が「特別警報」の対象とするのは、大雨、暴風、高潮、波浪、大雪、暴風雪の 6 種類。地震動、津波、噴火については、既存の警報のあるレベル以上のものを特別警報に位置づけており、名称の変更はない。

〈グラフ17〉は、大手再保険ブローカーの Guy Carpenter 社が二つのキャット・モデルの精度について表したグラフであるが、同じ事象に対して二つのモデルの予測値が大きく異なっていることと、"A"、"B" それぞれのモデルにおいても中心線に対して上下の大きなブレが予想されていることが分かる。どちらのモデルの信頼性が高いかを判断することは容易ではないが、二つのモデルの予測値が重なる部分の信頼度が高いと見做したものが "Blended Model" である。しかしながら、この例では "Blended Model" を採用した場合でも実際の損害は中心的予測値に対して50%～60%上下する可能性があることを示している。

〈グラフ17. キャット・モデルの精度〉

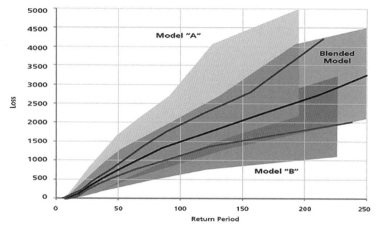

出典：Guy Carpenter & Company,LCC

　自然災害リスクについては科学的根拠なしに無頓着ですらある企業が多いことを述べたが、意識している企業においても損害額が上方にブレる可能性を考慮しているところは少ないのではないだろうか。
　「想定外」の意味は、起こらないと思われていた事象が起こるということだけではなく、災害及び被害規模が想定を超え、被害が及ばないと想定されていた地域にも甚大な被害が及ぶということでもある。自然災害リスクから目をそらすのでは話にならないが、現実的にはキャット・モデルによる算出数値に一定程度上乗せして被害想定を行う必要がある。
　また、日本企業と経済は、2011年、東日本大震災にタイ洪水と、1年に2

149

度大規模自然災害の直接・間接的影響を受けている。東日本大震災が千年に一度の巨大地震と言われ、タイ洪水もこれまでに経験のない大規模洪水であったが、それぞれは未曾有の災害であったとしても、地震と気象災害の発生に因果関係はない。将来、日本が巨大地震と巨大台風に立て続けに襲われる事態も考えられ、そうした事態にも一定程度備える必要がある。自然災害や大事故に対して経済的にどこまで備えるか、ということは費用対効果の問題であるが、発生確率が低いと判断される場合であっても、企業が存続できるだけの備えは準備しておく必要がある。

4．リスクを甘く見たツケ

自然災害リスクの経済的脅威について正しい認識と対応手段の研究を目的として、PwC 総研が主催した「自然災害リスク研究会」に筆者もメンバーの一人として参加したが、その中で東北大学の西山慎一准教授より、東日本大震災における企業の保険加入の実態について興味深い報告が行われている。以下に、その要点を抜粋する。

表は、東北大学経済学研究科・震災復興研究センターが 2012 年 7 月に行った、被災地の企業 3 万社を対象とした『震災復興企業実態調査』と題する大規模なアンケート調査の結果である。

被災地企業の地震保険の加入状況を企業規模別に示したのが〈表 A〉である。零細企業では地震保険への加入率が 34.3％と全体平均（加入率 30.8％）を上回った一方で、中小企業と中堅企業で加入率が 22％前後、大企業の加入率が 28.3％と全体平均を下回っている。

〈表 A．震災前の時点における地震保険等への加入状況〉

企業規模	加入していた		加入していなかった	
零細企業	1,610	(34.3%)	3,082	(65.7%)
中小企業	409	(22.9%)	1,378	(77.1%)
中堅企業	48	(21.7%)	173	(78.3%)
大企業	15	(28.3%)	38	(71.7%)
全体	2,082	(30.8%)	4,671	(69.2%)

注）企業規模は従業員数に応じて分類している。零細企業は従業員数 1〜20 人、中小企業は 21〜100 人、中堅企業は 101〜300 人、大企業は 301 人以上として分類した。括弧内の数字は、企業規模別に見た加入・未加入の構成比（％）を表す。

保険金の支払い状況は、企業規模の違いや被害状況の違いによって大きく変わってくるため、企業間の一様な比較は難しい。そこで、規模や被害状況が異なる企業間でも比較が可能となるよう、地震保険等からの保険金支払いにより有形固定資産（土地除く）に対する被害額がどれぐらいの率でカバー（補償）されたかという基準で、保険金カバー率（保険金支払額／被害額）を算出することとした。〈表B〉においては、3つのケースにおける保険金カバー率の平均値を試算している。震災前の時点において、地震保険等への加入率が低調であったため、企業の地震保険等の仕組みが被害を十分にカバーするには至らなかったと言えよう。

〈表B. 地震保険等による被害額のカバー率（保険金カバー率）〉

ケース分け	観測数	平均値
実際に保険金を受け取った企業	768	0.529
地震保険等に加入していた企業	875	0.464
有形固定資産に被害があった全ての企業	2,932	0.127

注）保険金カバー率とは、地震保険等からの保険金支払い額を有形固定資産（土地を除く）に対する被害額で割った比率である。

　出典：プライスウォーターハウスクーパース総合研究所「自然災害研究会」中間報告書（2013年7月）、
　参考資料：西山愼一、増田聡、大澤理沙、「被災地企業の復興状況—2013年度アンケート調査概要と復興の全体像—」、東北大学大学院経済学研究科地域産業復興調査研究プロジェクト編『東日本大震災復興研究Ⅲ　震災復興政策の検証と新産業創出への提言』（第1章所収）、河北新報出版センター、2014年3月

　この調査は東日本大震災の被災地の3万社にも及ぶ企業を対象に行われた。そして「地震保険等への加入率が低調であったため、企業の地震保険等の仕組みが被害を十分にカバーするには至らなかった」ことが裏付けられたことが意義深い。地震リスクを甘く見た結果、多くの企業が倒産、廃業、事業規模の縮小に追い込まれ、12万人もの失業者（NHK調査）を生み、その家族を含めれば数十万人の人々が厳しい生活を余儀なくされたことになる。企業の洪水に対する保険付保状況に関する纏まった資料はないが、火災保険の付保金額の3割程度であるものと推定され、こちらも十分とはいえない。

　経済被害に対処するには様々な方法があるが、最も一般的かつ中心的手段が

保険である。ところが日本における保険の利用度は他の先進諸国との比較において非常に低いという指摘がある。

〈表17〉は、スイス再保険会社の調査資料より、世界各国の保険市場を保険料収入とGDPに対する割合を算出したものである。日本は生命保険、損害保険の合計で、米国に次いで世界第2位の市場規模であるが、損害保険市場は第4位、さらにGDPに対する割合は2.2%と世界平均2.7%を下回り、米国や英国との比較では半分程度に過ぎない。

〈表17. 世界の保険市場（2013年）〉

国名	GDP 100万ドル	総保険料 100万ドル	順位	対GDP (%)	順位	生命保険料 100万ドル	順位	対GDP (%)	順位	損害保険料 100万ドル	順位	対GDP (%)	順位
全世界	74,699.26	4,640,941	—	6.2%	—	2,608,091	—	3.5%	—	2,032,850	—	2.7%	—
米国	16,768.05	1,259,255	1	7.5%	21	532,858	1	3.2%	23	726,397	1	4.3%	8
日本	4,898.53	531,506	2	10.9%	11	422,733	2	8.6%	8	108,773	4	2.2%	31
英国	2,523.22	329,643	3	13.1%	8	222,893	3	8.8%	7	106,750	5	4.2%	9
中国	9,469.12	277,965	4	2.9%	48	152,121	5	1.6%	42	125,844	3	1.3%	61
フランス	2,807.31	254,754	5	9.1%	15	160,156	4	5.7%	13	94,598	6	3.4%	16
ドイツ	3,635.96	247,162	6	6.8%	24	114,349	7	3.1%	24	132,813	2	3.7%	14
イタリア	2,071.96	168,554	7	8.1%	18	117,978	6	5.7%	14	50,576	10	2.4%	24
韓国	1,304.47	145,427	8	11.1%	10	91,204	8	7.0%	10	54,223	9	4.2%	10
カナダ	1,826.77	125,344	9	6.9%	23	52,334	10	2.9%	27	73,010	8	4.0%	11
オランダ	853.81	101,140	10	11.8%	9	26,005	20	3.0%	25	75,135	7	8.8%	2

資料：GDP: IMF World Economic Outlook Database October 2014、保険料：Swiss Re, Sigma No.3 2014

また、〈グラフ18〉は、保険普及率と国民一人当たりの保険料を比較したものであるが、生命保険料と損害保険料を合計した総保険料では日本の保険普及率は他の先進国と比較して遜色はない。しかしながら、一人当たりの保険料比較においても濃い色で表されている損害保険の普及率は低い。

ただし、〈表17〉、〈グラフ18〉に挙げた損害保険料には企業分野の保険の他、家計分野の自動車保険や住宅火災保険、傷害保険なども含まれるので、企業の保険付保の状況についての比較はできない。そこで、同じくスイス再保険会社が主要国の企業保険料を推定し、世界の企業保険の総合計に対するシェアとGDPに対する割合を算出し比較したものが〈表18〉である。

調査によれば、世界の企業保険市場の推定保険料総額6704億ドル（67兆円）

〈グラフ18. 先進国における保険普及率〉　1人当たり保険料（単位：米ドル）

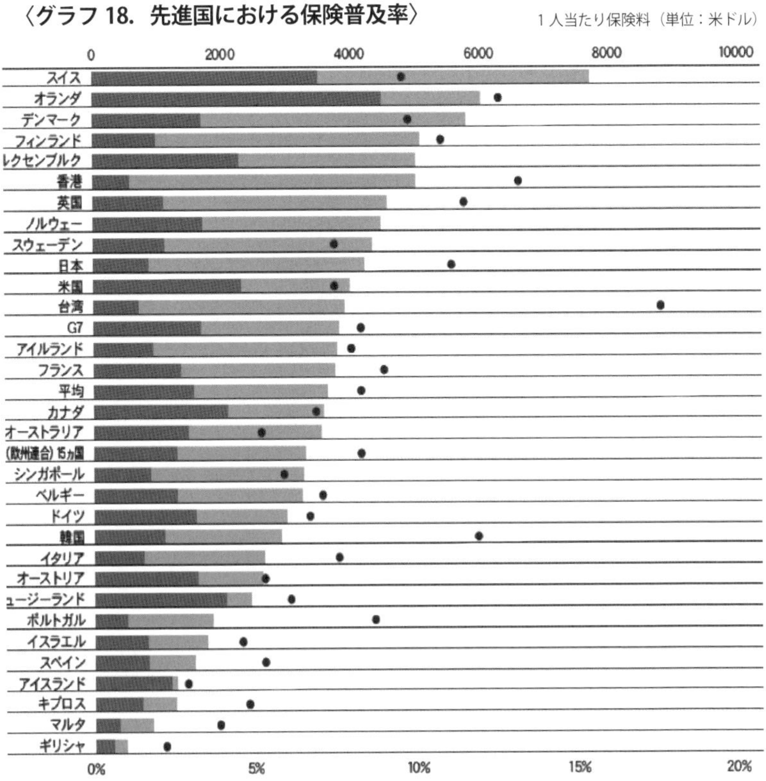

出典：Swiss Re, Sigma No.3 2014

〈表18. 2013年　企業保険市場上位5カ国〉

順位	国名	企業保険元受保険料	企業保険の市場シェア	GDPに対する保険料の割合(%)
1	米国	275.2	51%	1.6%
2	中国	52.8	50%	0.6%
3	日本	36.4	44%	0.7%
4	英国	32.7	37%	1.3%
5	フランス	24.5	32%	0.9%
	世界	670.4	43%	0.9%

資料：GDP: IMF World Economic Outlook Database October 2014, 保険料：Swiss Re, Sigma No.3 2014

に対して、日本市場は364億ドル（3.64兆円）であるが、GDPに対する割合は0.7％に過ぎない。この数値は米国や英国の半分程度に過ぎず、世界平均の0.9％にも及ばない。これらのデータから、日本の損害保険の利用度は世界的

に低く、さらに企業分野の保険利用度も低いことが分かる。

　日本は主要先進諸国の中でも高額の産業価値を有し、大規模な自然災害リスクに晒されているので、日本企業の支払保険料は諸外国の企業より高くなるのが当たり前である。ところが、実際の日本企業の支払保険料は主要先進諸国対比で非常に低く、世界平均をも下回っていることに驚かされる。日本企業は自然災害に対する保険について論じる前に、そもそも火災保険や賠償責任保険などの保険にあまり入っていない、あるいは一部保険になっているのである。

　企業の保険加入率に関する市場データは見当たらないが、火災保険を例に挙げれば、何割かの企業が火災保険に加入していないものと考えられ、火災保険に加入している企業でも地震保険に加入している企業はその半数程度に過ぎないものと考えられる。事業中断期間の喪失利益に対しての保険は、火災保険の延長線上で加入している企業は多いものの、地震による事業中断に対して保険を準備している企業は地震保険加入企業の2割程度である。同じく地震を原因とする流通及びサプライチェーンの寸断による操業停止のために備える構外利益保険は、大企業においても加入例は少ない。また、賠償責任保険については、日本の社会・法環境において米国のように高額賠償責任が頻繁に発生することが現時点では考えにくいこともあり、海外向けの輸出製造賠償責任保険など一部を除いて保険の利用は限定的である。

　災害に対する経済的備えは保険以外にもあるので、企業の支払保険料の低さを以て日本企業の経済的備えが不十分であると断じることには異論もあり得る。保険に頼らなくても、現金や預貯金、あるいは流動性の高い資産の保持、保険と同様な機能を持つキャット・ボンド、デリバティブを始めとしたILSなどの金融商品の購入、金融機関からの借入予約（コミットメント・ライン、コンティンジェント・デット）、被災後の復旧資金の借入れなどにより備えることが考えられるからだ。また、産業によっては互助を目的とした基金を持っているところもある。

　事実一部の日本の大手企業はオフショア市場にキャプティブ保険会社を持っている。しかしながら、日本企業が、保険以外の経済的手段の利用についても非常に限定的であることは、東日本大震災における被災企業の実態及び様々な市場関係資料より明らかである。

　建物の構造強度の引上げや、堤防の構築など防災・減災対策を十分行うこと

によっても、経済損失の可能性とその程度を大幅に軽減することが可能である。鉄鋼メーカーはその一例であるが、巨大な溶鉱炉は数千度の溶けた鉄を扱うので火災リスクには強く設計され、さらに、巨大な溶鉱炉を支える建物構造は巨大地震が来ても十分持ち堪えられるので保険を付ける必要性は低くなる。

大きなキャッシュフローを持つ大手自動車メーカーについても、火災・爆発事故や自然災害により生じた損害に対する資金調達力は高く、多少のコストが掛かるとしても、とにかく操業の継続・維持、製品供給に停滞を生まないことが優先対応課題である。また、財務基盤が強く規模の大きな大手企業が復旧資金の借入れを必要とする場合、金融機関は比較的容易に応じられるであろう。

他方、中小企業の場合は大企業のように選択肢は多くない。複雑な金融商品や金融機関からの借入予約には手間と一定の費用が掛かるので対応が簡単ではなく、防災・予防についても財務基盤に余裕がない中で対応には限界がある。また、運転資金の確保のために既に金融機関からの借入れがある場合には二重債務となるため、金融機関は被災後の追加融資には慎重（所謂「貸し渋り」）になるため金融機関からの借入れも容易ではない。したがって、中小企業にとって保険はリスク・ファイナンスの最も一般的、そして、現在のところ唯一の手段である。

ところが、東北大学の調査にあったとおり、東日本大震災の例では中小・中堅企業の8割近くが地震保険に加入しておらず、そのことが多くの企業を倒産、廃業、事業規模の縮小に追い込んだ重要な要因の一つとなった。

中小企業庁の「中小企業白書（2014年版）」によれば、日本の企業総数386.4万社に対して大企業の数は1.1万社（0.3％）に過ぎず、残りの385.3万社（99.7％）は中小企業である。また、常用雇用者は日本全体で3878万人いるのに対して、中小企業で働く従業員は2433万人で全体の63％を占める。中小企業の8割が自然災害による経済被害に対する備えを行っていないとすれば、310万の企業と1950万人の従業員とその家族まで含めれば日本の国民の半数以上の人達が経済的に無防備であるということになる。

その結果は、経済被害に対する保険支払いの割合に顕著に表れる。〈表19〉は、1980年以降の世界の大規模自然災害に関して経済被害と保険支払いについて大手再保険会社のミュンヘン再保険会社が行った調査を基に割合を求めたものである。

〈表19. 大規模自然災害に対する保険金支払割合　1980 − 2013〉

年	事象	国名	経済被害 (A)	保険支払い (B)	(B) / (A)
2011	東日本大震災	日本	210,000	40,000	19.0%
2005	ハリケーン・カトリーナ	米国	125,000	62,200	49.8%
1995	阪神・淡路大震災	日本	100,000	3,000	3.0%
2008	四川大地震	中国	85,000	300	0.4%
2012	ハリケーン・サンディ	米国他	68,500	29,500	43.1%
1994	ノースリッジ地震	米国	44,000	15,300	34.8%
2011	タイ洪水	タイ	43,000	16,000	37.2%
2008	ハリケーン・アイク	米国他	38,000	18,500	48.7%
1998	長江洪水	中国	30,700	1,000	3.3%
2010	2010 チリ地震	チリ	30,000	8,000	26.7%

資料：Munich RE, NatCatSERVICE, March 2014

　これによれば、諸外国の災害では、保険が発展途上である中国を除いて経済被害の3割から5割程度が保険により支払われているのに対して、阪神・淡路大震災では3％、東日本大震災でも19％に過ぎない。

　東日本大震災の保険支払い率は依然として低いが、阪神・淡路大震災からは上昇している。これは、家計地震保険の加入率が阪神・淡路大震災（1995年1月17日）前年の1994年3月末の9.0％から東日本大震災（2011年3月11日）の前年の2010年3月末は23.7％に上昇したことによるところが大きい。また、東日本大震災では住宅に対する共済団体の支払いが高額であったことも、阪神・淡路大震災時より保険支払率が上がった要因である。なお、家計地震保険の加入率は、2014年3月末時点で27.9％に上昇している（資料：日本損害保険協会）。

　問題は企業の自然災害に対する保険が普及していないことにある。東日本大震災の企業への保険支払いは全体の2割程度（約6000億円）に過ぎず、阪神・淡路大震災では市場データとして調査対象となる金額にも達していない。

　他方、タイ洪水では、高額の産業価値が集積した地域が被災したため保険支払いの殆どが企業に対する保険支払いであった。また、タイに進出している日本企業の内、約450社が被災したが、その多くが保険支払いにより比較的早期に操業再開に漕ぎ着けている。タイ洪水で被災した日本企業への保険支払総額は約9000億円と推定され、多くの企業が復旧に窮した東日本大震災との展開の差を浮き彫りにしている。

しかし、タイ洪水は保険会社にとっても想定外の巨額支払となったため、その後洪水リスクに対する保険引受けは大幅に縮小している。進出企業及び現地企業にとっては梯子(はしご)が外された状態になっており、特に、大手メーカーを追いかけて海外進出した中規模企業など保険を命綱とする企業にとっては厳しい状況が生じている。

　なお、阪神・淡路大震災と比較して、東日本大震災による企業の被災状況がより厳しく表れた理由は、震災規模の違い、大都市神戸の強い経済基盤と被災地域の面積が限定的であったことなどに加えて、阪神・淡路大震災が発生した時はバブル経済崩壊後とはいえまだ経済が活発で自力で復旧・復興する力があったが、東日本大震災が発生した時の経済状況は長引くデフレ不況により自力での復旧・復興力が残されていなかったことも重要な要因の一つとして考えられる。すなわち、経済状況が厳しい状況下におけるリスク・ファイナンスの重要性は、好況時よりも高くなるということである。

5．安全に対する日本人の非合理的コスト意識

　損害保険の加入率の国際比較からも明らかな通り、日本人の安全に掛けるコストについての考え方は、諸外国の人々と大きく異なっている。この点については、筆者は二つの要因があると考えている。

　一つ目は、災いを仕方のないものとして受入れることがいつの間にか日本人の精神のDNA[35]に入り込んでいることである。平安時代末期には度重なる巨大地震、台風といった自然災害だけでなく、内裏(だいり)にも被害が及んだ京都の大火、源氏と平氏の抗争により農地が度々踏みにじられるなど、戦や災害、大火で身内の命が突然暴力的に奪われ、住む家を失い、食べるものもなく困り果てる状況が頻繁に起きていた。そんな民衆の間に無常観が漂う様子は、鎌倉時代の鴨長明の随筆『方丈記』にも記されている。

　政治の安定は徳川家康の登場まで約400年待たねばならず、その徳川時代も幾度となく巨大地震や津波、富士山の噴火、さらには東北地方の冷夏や干ばつによる飢饉の発生、疫病の蔓延など、災害に苦しめられている。幕末の安政年間はペリーの黒船の再来、相次いだ大地震、猛烈な台風、安政の大獄、コレ

---

35 ここで言うDNAは、生化学的な塩基配列を指すものではない。

ラの流行など、平安時代末期同様に社会が大混乱している。

　日本人がどれほど災害に苦しめられてきたかは体格にも表れている。人の体格は気候の影響と遺伝的な要素もあるが、栄養状態にも大きく左右される。〈写真1〉は1900年に義和団の乱鎮圧のために北京に終結した九カ国の兵士の写真であるが、右端の日本人と欧米の兵士の身長差は大人と子供かと見紛うほどである。

　明治初期の日本は世界の最貧国の一つであり、農民の多くは靴を履いていなかった時代である。当時の日本は、17世紀から寒冷期に入り、地震、火山噴火に加えて気象災害と飢饉が相次いだこともあり、江戸時代末期から明治初頭は栄養事情が非常に厳しかった。その頃の日本の成人男子の身長は155cm程度であり、現在の172cm（2005年）より17cmも低い。栄養状態の差が体格に及ぼす影響は、同じ民族である韓国人と北朝鮮人の現在の身長差が、韓国人172cm（2005年）に対して北朝鮮人165cm（2004年）と7cmもあることからも分かる[36]。

　生活の苦しさに加えて、統治システムも日本人のDNAに影響を与えていたものと考えられる。すなわち、中国や欧州では皇帝や王が絶対的権力を持って

〈写真1．義和団の乱に軍事介入した各国兵士の写真〉

写真：1900年に北京で撮影、左から英国、米国、ロシア、英国領インド、ドイツ、フランス、オーストリア＝ハンガリー、イタリア、日本

36　各国の身長はOECD "Society at Glance 2009" による。

158

領民から搾取していたのに対して、日本では年貢をあまり厳しくすると領民が飢えてしまうため、緩やかな統治であった。そのため、民衆は生活の苦しさの捌け口を支配者階級である貴族や武士に向けることはできず、身に降りかかった不幸を「仕方のないこと」として諦める感覚を身に着け、その感覚が子々孫々日本人の DNA として定着したと考えられないだろうか。

　日本の文化や精神については本書でこれ以上の言及は行わないが、無常観は日本独自の文化や精神形成に大きな役割を果たしてきたと考えられる。

　二つ目の要因は、DNA の問題に比べて新しい問題であるが、第 2 章で挙げた日本の三つの重要な安全保障が、現状では国民に特別な負担を掛けずに何とかなっていることによる楽観主義である。

　国土の安全保障については、戦後の日本は「安保ただ乗り」とも言われるように、日米安全保障条約の下で米国の軍事力により守られてきた。日本にも自衛隊があるが国防費は GDP の1％ 程度[37]（米軍に対する思いやり予算を含む）に過ぎず、日米同盟を前提に安全保障が行われてきたために本来掛かるコストが一般国民には分かり難くなっている。

　また、エネルギー危機が叫ばれても、福島第一原子力発電所事故直後の一時期を除き大規模停電や燃料の配給困難などの事態は近年発生しておらず、全国の原子力発電所の稼動率の大幅低下の問題はあるものの、当面ブラックアウトが起こる事態は想定されていない。食料の安全保障についても、現時点では店に食料が豊富に並び、水道の蛇口をひねればいつでも透き通った水が勢いよく出てくるので、食料問題とその背景にある気候変動や水資源問題についてピンとこない国民が多く、安全保障に対するコスト意識は非常に薄い。

　さらに、日本人の特徴的判断の傾向として、災害の規模や被害の予測値が出されると、そこから何の科学的根拠もなく物事を割り引いて考える傾向がある。自然災害リスクについては、多くの企業経営者が科学的根拠もなしに「自分の会社は大丈夫」と高をくくってしまっている。

　そのためか、「掛け捨ての損害保険は余裕があれば付けておいた方がよいもの」程度にしか考えていない企業経営者が多いように感じられる。また、多くの人々は、事故が発生して保険金の支払いを受けることがなければ保険会社に

---

[37] ストックホルム国際平和研究所（SIPRI）による 2010 年軍事支出集計、米国の軍事支出は GDP の 4.7％

支払った保険料を「損をした」と感じる。

経営者が保険を購入しない理由として挙げるのは「保険料率が高過ぎる」である。言い換えれば、事業収支の期間を単年度、あるいはせいぜい数年で考えているため、「起きるかどうか分からない災害に対して、利益を削って保険料を払うのはもったいない」というものである。何か、保険に入ると、苦労して生み出した利益の上前をくすね取られるように感じるのであろうか。

保険会社が保険引受けにより巨額の利益を上げているならそのような指摘もあり得るが、2000年代半ば以降の損害保険会社の経営は、自動車保険の悪績や相次いだ大型の自然災害などにより厳しい状況が続いており、そうした指摘は当たらない。

保険は何かあった時に財産を守る手段であり、その安心を得るために応分の対価を支払う仕組みである。博打や投機のように、一攫千金のための手段ではない。すなわち、災害がなかった年も保険があることで資金調達の心配をする必要から解放される筈であるが、多くの日本の企業経営者はそのことを理屈として理解していても、必ずしもそのようには感じていない。

東日本大震災では多くの人がローンで買った住家を失い、新たな家を購入するために二重ローンで苦しんでいる。企業においても生産ラインの復旧のために新たな借入れを行うことによる二重債務が発生して社会的問題になっている。あるいは、新たなローンが組めずに住家や会社を再建できないケースも多くみられる。その後、住宅の二重ローン問題の解決に繋がる家計地震保険の加入率は上昇しているが、企業のリスク・ファイナンスは拡充されたであろうか。

東日本大震災やタイ洪水では、GM、フォード、3Mなどの世界的大企業が、事業中断やサプライチェーンの寸断による損害に対して高額の保険をかけていたことが報道されたが、その後も日本企業が彼らに倣って新たに保険を購入したという話は聞かれない。

では、企業は地盤改良や生産施設を不燃・無煙材を使った堅固な建物への建替え、あるいは津波や洪水リスクを避けるために高台への移転や防水壁の増強を急いでいるのであろうか。そうした企業も一部にはあるが、大部分の企業は特段の手を打っていないのが実態ではないだろうか。

防災・減災の努力を怠り、経済的備えも行っていないとすれば、数百万人を苦しめ、政府財政にも巨額の負担を生じさせた東日本大震災の教訓が生かされ

ていないことになる。

第4章　日本の企業経営者の甘いリスク認識

第5章
リスクを意識しないリスク
イマージング・リスク、ボラティリティー、
そして未来

　社会は経済のグローバル化と高速かつ大容量の情報を瞬時に処理・伝達できるIT技術の発展により、産業革命以降では最大の変革期を迎えている。2000年頃から始まったこの変革の特徴は、世界的人口増加、従来型のエネルギー資源に代わる新しいエネルギーの登場、新興諸国の経済的発展などを背景に、次々に新たな技術が開発・導入され、、社会が凄まじい速度で変化し続けていることにある。

　新しい技術の開発・導入には投資が不可欠で、失敗のリスクを伴うが、産業技術の高度化と事業規模の拡大により投資額とリスク量も大きくなる。

　産業の高度化と巨大化以外にも様々な重大リスクがある。環太平洋造山帯の地殻変動の活発化、地球温暖化による異常気象と気候変動、中でも台風、洪水などの自然災害の巨大化傾向が顕著に表れ始めている。また、経済のグローバル化とスピード化は世界中の取引関係を複雑にし、どこかで大規模な災害が発生すると影響は世界に及び、巨額損害となることが予想される。

　特に注意を払うべき問題は、長期の事業中断が地域や国家の経済的衰退を招きかねない状況が醸成されていることである。東日本大震災の記憶が既に薄れ始め、伊勢湾台風を知らない世代が日本の総人口の2／3を占めるようになって自然災害の真の脅威が理解されにくくなっている今日、つい十数年前と比較しても格段に災害に脆(もろ)くなっている現在の経済社会の状況は筆者には非常に危うく映る。

　現在の状況は2000年頃までの経済社会の発展の歴史と何が違うのであろうか。最大の変化はIT技術が長足の進歩を遂げ、それが新しい産業技術を次々に生み出す循環が確立されたことにある。新しい技術はすぐに過去のものとなり、その経験値をリスク量に換算する間もなく新しい技術が次々に開発・導入

される。経済においてもグローバル化と信用を裏付けに実体経済の数十倍にも膨らんだ金融経済、あるいは国家が関与した経済競争により事業規模と必要資本が巨額化している。ところが、日本では企業が国際競争に挑む際、その試みが失敗した際の経済的ダメージからいち早く立ち直るための経済システムが未整備であり、そのことが日本の取り組みの遅れの重要な要因の一つになっている。

　本書では、ITの導入とグローバル経済の進展による社会・経済構造の変化とそれに伴う様々な経済リスク、地球温暖化や気候変動問題を中心とした環境リスク、国土・エネルギー・食料の安全保障問題などの検討を行う中で、新たに出現してきた幾つかの課題とリスクについて触れてきた。なぜ今これらの問題を正しく認識し早期に対応を始めることが重要かは、これまでの人類の経験では精度の高いリスクの計量と対応が難しいことと、ボラティリティー（予測不能な変動）の大きさ、そして巨額性にある。

　本書で挙げたどの事象も世界全体が取り組んでいかなければならない問題であるが、エネルギー資源もなく食料自給率も低く、自然災害大国の日本にとってはそれらの課題を克服することが直接的に今後の日本国の趨勢に大きく影響する。

　最終章の本章では、経済・産業社会の発展の鍵、あるいは克服すべき新たな課題、すなわち「イマージング・イシュウ（Emerging Issue）」と、それに伴って重大化が想定されるリスク「イマージング・リスク（Emerging Risk）」の中から特にボラティリティーが大きく、かつ日本との関連が強いと考えられる事象を幾つか紹介する。

　イマージング・イシュウは、明日、数ヶ月後、1年後には幾つかの問題の解決の目途が立っているかもしれないが、同時に新たなイシュウが出てくることが予想される。本書で紹介する事柄は、執筆時点において筆者が把握している事柄の中から幾つかを拾い上げるに過ぎない。グローバルな視点から見た重大リスクと重複する項目があるが、本章においては日本の重要な課題として掘り下げるとともに日本が採るべき対応策について筆者の考えを述べる。

　なお、自然災害の脅威の巨大化と事業中断リスクを始めとした経済損害の増大リスク、財政破綻リスク、日本の国土・エネルギー・食料の安全保障問題はイマージング・リスクの代表的問題であるが、既に踏み込んで検討を行ったの

で本章ではそれ以外の代表的事象を挙げて検討を行う。

1. 代表的なイマージング・リスク
………　自然災害、財政破綻、国土・エネルギー・食料安全保障以外の代表的リスク

(1) クラウド・システムとビッグデータ、サイバーテロ

1980年代後半からの急速な普及・発達と利用範囲の拡大により、インターネットはビジネスのみならず公共機関にも利用が広がり、今や経済活動のみならず政府・行政機関の業務、公共サービスなど、我々の社会生活において不可欠なツールになっている。

反面、ITとインターネットの重要性が高まるにつれて、システムのプログラム・エラー、大規模停電によるサーバー・ダウン、機密情報の漏洩・改ざん、プログラムの書き換えなどの事故が発生した場合の各方面への影響はより重大になる。また、IT社会の危うさは、それらの事故に加えて悪意を持った顔の見えない外部の者からのサイバーテロの脅威に晒されていることである。

本書の第3章にも紹介したが、2014年にソニーの米国小会社がサイバー攻撃を受けたケースでは、高額の経済的被害が発生した他、米国と北朝鮮の間の国際問題にまで事態が発展した。世界では日常的に企業の経営及び顧客情報の漏洩、恫喝、政府機関や国家の防衛システムへのハッキングが発生しており、日本国内でも多くのサイバー攻撃が報告されている。

一方で、クラウド・システムに代表されるオープン・ネットワーク・システムが世界規模で展開されており、これまでとは桁違いに膨大でかつ詳細な情報（ビッグデータ）が瞬時に交換されるようになった。にもかかわらず、データの交換や行動規範に関する世界的ルールは確立されていない。そのため、悪意に満ちた情報や恣意的にねじ曲げられたり、無用に挑発的な情報が瞬時に拡散し、誤情報による混乱、クレジットカードのスキミング、コンピュータ・ウイルスの感染など様々な問題が発生し、高額の経済被害が発生した例が多く報告されている。

こうした問題に対しては、対策を施しても新たな手口が開発され、有効な対策が長続きしないのが現状である。スマートフォンの普及やクラウド・システ

ムの導入などによりインターネットの利用と複雑化はさらに進められ、ビッグデータとサイバーリスクは現代社会におけるアキレス腱となりつつある。

では、経済的視点から見た場合、クラウド・システムには具体的にどのようなメリットとリスクがあるのであろうか。

クラウド・システムは、これまで企業や個人ユーザーが管理していたハードウェア、ソフトウェア、データをクラウド事業者に任せ、料金を支払うことによりサービスを利用できるようにするシステムである。ユーザーは、クラウド・システムを利用することにより、自前でハードウェア、ソフトウェアなどの設計・開発及び管理を行う必要がなくなる。さらに、随時最新バージョンへの切り替えが行われているので、ユーザーは常に最新のシステムを利用でき、企業経営効率を遅滞なく高めることができる。また、関連会社・組織が同じクラウド・サービスを利用すれば、システムの標準化とデータの相互交換が容易になるなどのメリットもある。また、しばしば企業の財務上の重荷になるシステム関連資産を、使用料を費用として支払うことにより圧縮することができる。

一方、不測の事態のリスクも大きくなる。すなわち、全てのデータがクラウドに集約されるために、クラウド事業者のシステムがダウンすれば利用企業・組織の活動がすべて麻痺する可能性がある。また、クラウド事業者に経営問題が生じた場合にも突然サービスの提供が受けられなくなるリスクがある。さらに、クラウド・システムには利用する企業や行政機関の重要データが集約されていることから、サイバーテロの攻撃対象として恰好である。利用先のクラウド事業者がサイバーテロからシステムを防御することが出来なければ、個人情報を含むデータの漏洩、経営情報の外部への流出、データが変更・破壊されるリスクがある。

クラウド・システムは、既に多くの企業や行政機関、病院などで利用されており、経営の効率性が重視される現状況下において、これまでのように各企業や組織が全てを管理するシステムには戻れないだろう。そのため、先に述べたような不測の事態が発生した場合の対応の困難性と衝撃度は高まっている。

クラウド・システムを利用する企業や行政機関はシステムに問題が生じた場合のバックアップを確保しておくことが重要であるが、問題はそれに止まらない。システム再構築には高額な費用が掛かるとともに、データが外部漏洩した場合には利用者である行政機関や企業に高額の賠償責任が発生する可能性があ

る。また、信用が回復されるまでの期間は売り上げの減少により企業収益にも影響が及ぶ。

　企業はこうした事態を想定してBCP（事業継続計画）の一環として対応を進めておくとともに、経済的な備えについても検討しておくことが重要である。経済リスクのヘッジ手段として保険が考えられるが、この問題に関しては保険会社においてもリスク量の測定が難しく保険引受けは限定的になるので、システム業者と利用者である企業や組織においても資本や流動性の高い資産などにより備えておく必要がある。

　2015年の世界経済フォーラムのグローバル・リスク調査ではサイバー攻撃が上位にランクされたが、攻撃の頻度が増し、さらに過激化により損害の高額化が予想され、企業と保険会社の対応力を超える損害には政府の関与や救済制度の創設により対応することを検討すべきであると考える。

　「第3章の4．クライシス・マネジメント」の最後に日本にとってのテロの問題に触れた。2013年のアルジェリアの天然ガスプラントのテロでは日本企業が標的となり、2015年にはテロ組織のイスラム国に日本人2名が殺害され、その後、テロ組織は日本人を米国人や英国人などと同様に攻撃の対象にすると公言している。また、米国のソニー小会社がサイバーテロの対象となったように、日本が大掛かりな国際テロの標的になることはないという幻想は捨てなければならない。にもかかわらず、わが国には、諸外国が用意しているテロによって発生した物理的損に対する（再）保険プールも用意されておらず、サイバーテロに対する経済的備えなどない。

　日本が様々な産業分野の国際競争で優位に立つためには、ITの利用について世界で最も先進的かつ広範に利用することにより経済合理性を高めなければならない。同時に、日本の政府機関や企業は、サイバーテロに対する防御システムの構築と最新のシステムへの更新を怠ってはならない。また、テロに対する（再）保険プールやファンドの創設について検討する場合には、対象にサイバーテロを加えるべきである。

(2) ナノテクノロジー

　コンピュータの利用は現代社会のあらゆる分野に深く根を下ろし、無くてはならないものとなっている。さらに、IT技術の発展により個人の日常生活にお

いてもパソコン、スマートフォン、携帯電話、携帯音楽機器が浸透し、既にそれらが一般的ではなかった 20 世紀の生活が考えられないものになっている。また、家電製品や自動車にも様々な部分に IT が用いられ、性能と安全性の向上、省エネに一役買っている。

IT の導入が性能の向上と省エネに一役買っているとはいえ、過去にはなかった電子機器が世界中で大量に使用されているわけであり、当然 IT の普及に伴うエネルギー消費量は膨大になる。今後、世界のエネルギー消費量は世界的人口増加と新興諸国の経済的発展により大幅な増加が見込まれており、IT の利用によるエネルギー使用量もさらに増加することが見込まれる。そうした中で様々な IT 機器の小型化、一層の性能向上、省エネのために期待されているのがナノテクノロジーである。

ナノテクノロジーとは、物質を原子や分子のスケールであるナノメートル（1 nm = 10^{-9} m）単位で利用する技術であり、ナノ素材と呼ばれる新素材が開発される技術でもある。利用範囲は IT 関連に止まらず、日焼け止め剤、美白剤などの化粧品、食品着色料、食品包装、衣類、消臭剤、建物の塗料などに幅広く利用されており、素材も金属粒子から化学物質まで様々である。ところが、ナノテクノロジーの対象とされる数千に及ぶ物質の内、安全性が確認されているのは 2 割程度とされており、その他の大部分の安全性は未知数である。

それどころか、幾つかのナノ物質については、動物実験で障害の発生が確認されている。すなわち、一定量の粒子を吸い込めば脳や神経、皮膚に悪い影響が出る可能性がある他、発癌性や心臓疾患を引き起こす可能性が排除されないままに使用されているものがある。しかし、既に工業製品や食品に多くのナノ素材が利用されており、一概に使用を制限することはできない。

一部のナノ素材の毒性が認められ、また多くのナノ素材の安全性が確認されていない状況においては、ナノ素材を利用する製造業者及び政府機関による安全性確認の促進、さらに、製品の製造、利用、廃棄、リサイクルの過程においてナノ物質の飛散を防ぎ、健康と環境への影響を最小限にするための対策を講ずるしかない。

かつて、アスベスト（石綿）は断熱材や絶縁材、ブレーキライニングなどに広く利用され、製造・加工工程やビルの解体工事中に空気中に飛散したアスベストを吸引したために肺癌や悪性の中皮腫を発症する人が相次ぎ、米国を中心

に大きな社会問題となった。巨額の賠償責任問題が発生し、その結果、世界最大のアスベスト製造業者であったジョンズ・マンビル社は1982年に倒産に追い込まれた。その余波は、製造物賠償責任保険や労災保険の再保険を引受けていた英国の老舗再保険市場のロイズにも波及し、ロイズは経営危機に陥った。

　日本でも多くの被害が報告されており、各地でアスベストをめぐる労災訴訟が提起された。新たに病気を発症する人、治療中の人も多く、問題の完全解決までにはさらに時間を要する。また、アスベストが建材として利用されていた1980年代頃までに建てられたビル解体が今もつづいており、アスベスト問題は今後も尾を引くことになる。

　アスベスト問題を教訓に、ナノ素材についても、使用、流通に関わる企業は物質の毒性の確認と空気中への飛散を防ぐ努力を行うとともに、保険会社を始めとした金融機関とともに健康被害や環境破壊が発生した場合の賠償責任についても事前に対策を講じておくことが重要である。

(3) シェールガス、シェールオイルへの投資とリスク

　シェールガスは、地下数千メートルまで垂直にドリルで掘り進み、そこでドリルを90度転換して頁岩層を水平に約3km掘り進み、頁岩層に砂状の化学物質を大量の水とともに送り込むとともに小さな爆発を繰り返しながら採掘される（フラッキング）。

　フラッキングによるシェールガス採掘は地下水が化学物質で汚染されるリスクがあり、地下水利用による健康被害と環境破壊を起こす可能性が指摘されている。また、採掘の過程で放出されるメタンガスは二酸化炭素を超える温室効果ガスであり、回収漏れが起こった場合には地球温暖化の原因になる他、地中で漏れた場合にはこれも地下水を汚染する可能性がある。

　また、私有地で採掘を行う場合には、汚染が起これば必ず賠償責任問題が発生する。

　米国ではシェールガスだけではなくシェールオイルについても採掘・精製コストの引下げに向けて事業規模の拡大と技術開発が進められている。日本がエネルギー安全保障のためにエネルギー資源輸入国を分散するためには、資源国が行っている技術開発への積極的貢献と資本投下が必要となる。

　資源は掘れば必ず出るというものではない。資源開発への投資は常に失敗の

リスクをともなっている。また、シェールオイルの産出により一時的に石油が世界的に供給過剰となるため、従来型の石油価格が引下げられ、シェールオイルの採算性が悪化する事態が発生する。将来の権益確保のためにシェールオイルに投資する場合には、資源市場の混乱にも一定期間持ち堪えられる資本準備が必要になる。そして、不幸にも事故が起こった場合には株主として応分の責任負担が求められる。とはいえ、日本のエネルギーの安全保障のためには、損失をおそれているばかりでは問題解決できない。

(4) 海洋資源開発と環境保護

　日本が是が非でも主導権を取らなければならない重要課題が海洋資源開発である。陸上資源を持たない日本は、日本のEEZ（排他的経済水域）と周辺の公海において海洋資源開発を急がなければならないことは第4章で述べた通りであるが、レアメタル及びメタンハイドレートの採掘には、従来の資源採掘技術とは異なった技術が必要になる。すなわち、海底から大量の土砂を掬い上げ、そこから必要な金属やガスを抽出する作業となるため、土砂が巻き上げられることによる水質の汚濁と海洋生物への影響が懸念されるからだ。

　また、大量の土砂の処理も問題となる。土砂を陸上までパイプラインか船で運ぶための建設及び輸送コストが生じる他、集積場所の環境破壊、土砂の流出による水質汚濁の懸念もある。影響が漁業や観光に及ぶ場合には、漁業権に対する賠償問題や観光業者に対する損失補償が発生する可能性があり、そうした可能性に対しても予め対応を準備しておく必要がある。

　これまで海洋資源開発のスピードが上がらなかった要因として、日本経済の停滞により将来のための国家的取り組みが後退したことが挙げられるが、もう一つの重要な要因は、民間資本が開発に乗り出すための採算性、すなわち商業的採掘の目途が立たなかったことである。レアメタルについては、世界的な需要増が見込まれる一方で、陸上資源の採掘量の大幅な増産は見込めず、産出も中国一国への依存状態が続いており、今後も価格上昇傾向が続くものと考えられる。したがって、海洋採掘の効率性の向上が一定程度見込めるようになればレアメタルの価格差は次第に軽減されていくだろう。ただし、価格差問題が一朝一夕に解決するわけではなく、採算性を重視するあまり、環境問題を軽視すればそれが原因で足許をすくわれる。環境破壊が起こった場合には回復までの

長い時間と多額の費用が発生することになる。

　海洋資源採掘の採算性を確保するためには、技術開発とともに事業規模をできるだけ大きくする必要がある。投下資本が巨額になるため、目論見通りの採算性が取れない場合には、事業者の経営基盤を揺るがす事態が発生する可能性もある。また、重大事故となり環境問題を引き起こした場合には巨額の賠償金が発生する。

　石油掘削プラットフォーム「ディープウォーター・ホライゾン」が2010年に引き起こしたメキシコ湾の海洋汚染事故では、BP社は兆円単位の賠償金の支払いを求められている。

　海底石油の掘削作業と海底の泥をさらう作業は異なるが、汚染・汚濁に対する賠償責任や原状復帰のために巨額の費用が掛かる点において同質の問題であり、プロジェクトが失敗した場合や事故が発生した場合の経済的リスクについても対策を講じておく必要がある。

　海洋資源開発には巨額の費用が掛かりボラティリティーも大きく、民間資本だけの取り組みには限界がある。一方、開発は公共の利に資するものである。PFI（Private Finance Initiative）は、公共サービスを民間資本が行う形態であるが、PrivateをPublicに変えてPFI（Public Finance Initiative）として、民間の事業を政府が資金面及びリスクの受け皿の整備で支援する事業形態の導入についても検討すべきである。そして、ライバル国に負けないように開発のスピードアップを図る必要がある。

(5) 新興国の経済バブルの崩壊

　2008年のリーマン・ショックに端を発する世界的経済危機によりユーロ圏のPIIGS（ポルトガル、イタリア、アイルランド、ギリシャ、スペイン）及びキプロスの財政危機が深刻化し、それがユーロ危機に発展することが懸念されていることについては既に述べた。

　万一、ユーロ危機に発展する場合にはドルに次ぐ国際決済通貨であるユーロの信用不安、ユーロ圏諸国の国債のデフォルトなどの事態が発生し、問題は一気に世界的経済危機に発展するおそれがある。現時点では、ギリシャ問題はあるもののユーロ危機に発展する可能性はひとまず低くなったものと考えていいだろう。ただし、ウクライナを巡るEU諸国・米国とロシアの対立によりユー

ロ圏にロシア産の石油・天然ガスが供給されなくなる事態が発生する可能性があり、予断を許さない状況にある。

　一方、新興諸国の経済成長が目論見通りに行かなくなってきていることも世界経済の懸念である。

　BRICs 諸国を始めとした新興諸国の 2000 年頃からの経済発展は目覚ましく、世界経済の成長を牽引する原動力となってきた。しかしながら、世界経済の成長率が次第に低下する中で新興諸国の経済成長にも陰りが見え始め、さらに新興諸国間の中でも優劣が生まれ始めている。

　日本の財政危機は深刻ではあるが、国民の金融資産は潤沢なので破綻を回避するまで少し時間があるが、経済・財政基盤が脆弱な新興諸国の場合は、税収が予定を下回ればすぐに社会保障やインフラ整備に要する支出を支え切れなくなって一気に財政破綻する国が出てくる可能性がある。また、多くの新興諸国では不動産・株バブルが発生しており、経済成長が目論見を大きく下回る場合には経済バブルが崩壊するおそれや、自国内の経済格差問題が火種となって政情が不安定になる国も出てくる可能性がある。

　リーマン・ショックが世界中に飛び火した要因は、問題となった米国の住宅サブプライムローンが細かく分割されて CDS を始めとした金融商品に入り込んでいたため、それを購入していた世界中の金融機関に信用不安が連鎖したためであるが、同様の問題が新興国の経済危機により発生するおそれがある。新興諸国には先進諸国企業が生産拠点を求めて進出しており、世界中から巨額の金融資本が投下されている。したがって、新興国経済が行き詰った場合には先進諸国の企業やファンドに直接的に影響が及び、信用不安が発生すれば世界中の金融市場で負の連鎖を発生させることが考えられる。

　日本企業と金融資本は、既に中国やタイを始めとしたアジアの新興諸国に工場を設立し巨額の資本投下を行っている。したがって、日本との関連の強い新興国の経済バブルが崩壊した場合には大きな衝撃を受けることになる。

　金融危機による損害に対して金融商品により一定のリスクヘッジを行うことは可能であるが、投資先や進出先についての判断は慎重であることが求められる。同時に、日本の産業構造の空洞化に歯止めをかけ、日本国内に産業を残せるように思い切った規制を緩和して日本が抱える「六重苦」（79 ページ参照）の根本的解決に向けて政・官・民が一緒になって取り組んでいくことが重要である。

(6) 大気汚染の国際的拡散
　　……PM2.5 に代表される有害物質の日本列島への飛散

　化石燃料の過度な使用により地球の対応力を大幅に上回る温室効果ガスを排出し、地球温暖化と環境破壊を招いていることは既に述べた通りであるが、それに加えて、中国やインドなどでは工場からの排煙・排水により深刻な大気汚染と水質汚染・汚濁や農地を含む広範囲の土壌汚染が深刻な問題になっている。

　汚染された農業用水、あるいは農地で生産された農産物は健康被害を起こしかねない。農産物が日本を含む海外に輸出されているために、それらを通して汚染は国境を越えて海外に及ぶことになる（食の安全性の問題については後述する）。また、北京や上海などの中国沿岸部の都市では PM2.5 による大気汚染が深刻になっており、有害物質は風に乗って朝鮮半島、日本列島にも及び、日本の主要都市においても汚染濃度が安全基準値を超える日が多くなってきている。

　中国大陸から黄砂が偏西風に乗って朝鮮半島や日本列島に飛来することは自然現象であるが、この黄砂に付着している PM2.5 は、工場の排煙、石炭や石油を燃焼した際に生じる揮発成分が大気中で化学反応を起こしてできた物質や工事現場の粉塵など、人体と環境に有害な成分を含む微粒子状物質である。自国民の健康被害の軽減と環境維持のために中国政府も対策に乗り出してはいるものの、エネルギー消費量が急増している中で早急な状況改善は期待できない。

　公害により健康被害や環境汚染が発生した場合には、有害物質を排出した企業を特定し、排出を安全な基準内に抑えるように改善を求めるとともに、健康被害などへの賠償と環境の原状復帰を求めることができる。しかしながら、このような対応が可能な範囲は、日本の法律が及ぶ範囲内であり、被害や問題が国境を越えて他国に及ぶ場合には状況は異なる。

　また、PM2.5 の日本への飛散については、中国からの物質が多く運ばれてきていることが一定の科学的検証により証明されるとしても、北朝鮮、韓国からも一定量が空中に排出されており、さらに、日本においても有害物質が排出されているので、健康被害や環境汚染が明らかになっても因果関係の特定は難しい。中国政府に有害物質の排出量の削減を要請するとしても、賠償請求は容易ではない。

問題解決のためには、かつて日本が苦しめられたスモッグ及び光化学スモッグの発生を大幅に軽減してきたように、汚染源を断つこと、あるいは有害物質の排出を大幅に減らすことであるが、経済成長を優先する新興国において一朝一夕に解決できる問題ではない。

次善の策ではあるが、日本の行政機関、学校、公共サービス機関、企業など全ての組織は、汚染濃度の高い日には外出や屋外での作業を控えることを含めた住民や従業員の健康管理、医療費負担を始めとした様々な追加的費用について、BCP及びリスク・ファイナンスにより具体的に対策を検討しておくことが重要である。

(7) 食と環境の安全性……遺伝子組換え作物と汚染食物

エネルギーと同様に、日本が海外に大きく依存している資源が食料である。日本が今後食料自給率向上に積極的に取り組んでいくとしても短期間に状況を劇的に改善することは望めない。

世界の人口増加が続く一方で、大規模な未開の耕作地はなく従来の農業技術では単位面積当たりの収量の増加が見込めないことを述べた。そこで、穀物生産量を少しでも増やし、かつ安定的にするために人類が英知を絞って考え出した技術が遺伝子組換え作物である。

遺伝子を操作することにより、病虫害耐性、除草剤耐性、気候変動耐性、貯蔵性の向上により生産量の増大と安定を図ることができる。また、遺伝子操作は栄養素のコントロールを可能にし、ビタミンや鉄分など人間が摂取する必要のある栄養素を高くするもできる。さらに、病気の予防や治療に効果のある作物を作ることも可能であり、日本ではスギ花粉症の症状を緩和するコメも開発されている（ただし、スギ花粉症緩和米は厚生労働省により医薬品扱いとされており、本書執筆時点においては商品化されていない）。

国際アグリバイオ事業団（ISAAA）によれば、遺伝子組換え作物の栽培が始まった1996年以降、栽培農地は毎年高い伸びで拡大し、18年後の2013年には1996年（170万ha）の100倍以上の1億7,500万haに拡大し、生産国は米国、ブラジル、アルゼンチン、インド、カナダなど27カ国に及び、最近は中国でも遺伝子組換え作物の生産が高い伸びを示している。また、遺伝子組換え作物が各作物の生産量に占める割合は、ダイズ及びワタが約8割、トウ

モロコシでも 3 割以上と大きく、今後さらに割合が高まることが予想されている。

他方、欧州及び日本は遺伝子組換え作物の生産及び食品とすることについて慎重である。その主な理由は、食の安全性、生態系への影響、倫理上の問題、経済問題である。安全性の問題としては、組み込まれた遺伝子の働き、組換えにより生まれたタンパク質の有害性、アレルギーとの関連、意図しない変化が発生する可能性が問題視されている。日本では、厚生労働省及び内閣府食品安全委員会がジャガイモ、ダイズ、トウモロコシ、ナタネなどの食品の安全性を確認し、その情報をホームページなどで開示している。また、遺伝子組換え作物を使用した食品は表示が義務付けられているが、これで万全かどうかについては様々な意見がある。

生態系への主な影響としては、野生植物との間で土地栄養分の摂取、日照、生育場所などで競合した場合に遺伝子組換え作物が優位に立って野生種の生育に影響を及ぼすこと、生態系に有害な物質を産出すること、野生種と交雑して人工的に作り出された遺伝子が拡散する可能性が挙げられている。また、クローン技術の家畜生産への導入や医学治療への応用論議と同様に、自然の摂理を変更しようとする試みに対する倫理上の指摘がある。

さらに、遺伝子組換え品種を開発した企業による市場支配、いわゆるターミネーター技術により次世代の種子の発芽を抑制することによる二重の市場支配、従来の自然種作物との生産性の違いより自然作物農家が価格競争上不利になる経済的問題も挙げられている。日本の農業生産物にはそもそも価格競争力がないが、米国や中国などの収量が多く生産量も安定している遺伝子組換え作物との価格差はさらに広がることになる。

日本では北海道や新潟県などが条例により遺伝子組換え作物の生産を禁止しており、他の都府県においても遺伝子組換え作物の商業的生産は行っていない。しかし、日本はコメ以外の穀物の大半を米国や中国などから輸入しており、輸入されているダイズやトウモロコシなどの半分以上が遺伝子組換え作物であると推定されている。さらに、米国産牛肉などの食肉は、遺伝子組換え作物を飼料として飼育されており、我々は食肉からも間接的に遺伝子組換え食品を摂取していることになる。

これまでのところ、遺伝子組換え作物による食の安全性や環境破壊について

重大な事例は報告されていないが、今後問題が発生しても輸入経路は複雑で生産者と流通業者それぞれの責任を明確にすることは難しいであろう。結局は消費者がどのような食品をどのような価格で求めるか、善悪は別にして、食の安全は食べる者の自己責任ということになる。

　食の安全性についてより現実的な問題となっているのは、汚染された農業生産物を人間が食べることによる健康被害の発生懸念である。中国を始めとした新興諸国の多くは農業生産国としても重要であり、日本も大量の食物をそれらの国々から輸入している。ところが、中国政府は、耕作地の約 2 割がカドミウム、ニッケル、銅、ヒ素などの有害物質により基準値を超えて汚染されていることを発表しており[38]、日本人も汚染された食物を知らず知らずの内に口にしている可能性がある。農地や農業用水の汚染は中国に止まらず、他の新興諸国にも及んでいることが容易に想像され、地球上の総食料生産の一定割合が既に汚染されていると考えざるを得ない。

　養殖漁業においても、工場からの有毒物質を含んだ排水による養殖池や海の汚染、餌の過剰投与、過密養殖などにより、生産された魚やエビなどから安全性の基準値を超える成分が見つかった例が多数報告されている。

　残念ながら、新興国の公害の悪化は今も続き、農薬や化学肥料の使用について日本が求める安全基準の遵守を徹底することは容易ではない。今後、安全性の高い食料を確保していくことは一層難しくなるだろう。

　三井金属鉱業神岡鉱山亜鉛製錬所からの排水に混ざっていたカドミウムにより神通川流域の富山県婦中町の農地が汚染されたイタイイタイ病公害では、公害の因果関係が明らかになって以降、汚染された農地で生産された米は食用にはできないため、本来食用の米を政府が買い上げて工業用糊の原料とするしかなかった。また、汚染された農地約 1500ha が対策地域として指定され、1979 年に土壌復元工事が始まったが、住宅などに転用された土地を除く 863ha の復元が終了したのは 33 年後の 2012 年である。農地の汚染は食の安全に直接的に影響を及ぼす問題であるが、さらに、一旦汚染された農地は半永久的に耕作地として使えなくなってしまう。中国などの農地汚染が進行する中で、今後世界の食糧事情にも大きな影を落としていくことになる。

---

38 中国環境保護部、国土資源部　2014 年 4 月 17 日発表

2014年に、中国の鶏肉加工業者が大手ハンバーガー・チェーンに消費期限切れや衛生管理上問題のある肉を納入していたことが大きく報道された。緑色に変色した鶏肉を加工している映像を見てショックを受けた読者もいるのではないだろうか。他にも同様な事例が度々報道されている。食料を海外から輸入する場合には、有害物質の検査の他に衛生管理についてもよく検査する必要があるが、問題解決は容易ではない。
　食品の輸入については、農薬の種類と使用状況、洗浄の状態、保存・着色物質など様々な基準値が設けられ検査が行われている。消費期限、産地の明示なども行っているが、全てを管理できるわけではない。
　また、輸入契約に定めた安全性基準値を超える食品が流通したことが明らかになっても、流通経路は複雑で、生産者や現地の流通業者に責任の所在を確認させ、求償することは容易ではない。日本の流通業者や販売会社も輸入に際しての検査の徹底が求められるが、対応には限界がある。問題の食品の回収や賠償責任などの経済負担については保険の購入などで一定のリスクヘッジはできるが、不測の事態の想定が難しい。
　日本は、今後も様々な農産物、水産物とその加工品を輸入していかざるを得ない。しかし、食料を大量に輸入し続ける限り安全性に問題のある食品を容易に排除することはできない。我々はこうした前提に立って食料自給率、農業改革、食の安全性ついて総合的に考える必要がある。
　食品ではないが、人間の口に入るもの、触れるものとして衣類や化粧品、そして乳幼児の玩具がある。特に、乳幼児は玩具を舐めることがよくあり高い安全性が求められるが、玩具の表面に塗られている塗料には毒性を含んでいるものがある。玩具の生産は中国を始めとする新興国を中心に行われているが、中小の玩具メーカーや塗料メーカーは幼児が長時間舐めた場合の安全性について必ずしも確認しておらず、流通経路は食品以上に不透明である。材質の表示があっても、どの程度の信頼性があるのかの確認は流通業者においても容易ではない。
　輸入業者や流通業者が、生産者から消費者に至るまでの経路の透明性の向上と検査の徹底に努めることはもちろんであるが、責任の所在を明確にできない場合、あるいは被害者が十分な賠償を得られない場合に対して、政府による救済制度の検討が必要である。

2. リスクを意識しないリスク

　経済社会が繁栄を維持し、さらに発展していくためには、様々な新しい事業と創造的な新しい技術の開発と導入に積極的に取り組んでいかなければならない。

　如何なる時代においても、新たな技術や産業が登場した局面ではリスクを引受ける資本が必要となる。大航海時代には、スペインやポルトガルを始めとした国家と王族がその役割を果たし、オランダや英国に金融市場が成立すると次第にその役割が金融市場に移動し、経済バブルと崩壊を繰り返しながらも産業革命とその後の発展を支えてきた。また、14世紀以降イタリアから欧州全域に広がった船舶と船荷を対象にした冒険貸借（海上保険の原型）は、経済と金融の仕組みが整備されるにつれて近代的な保険制度へと発達し、さらに、信用取引の発展により金融先物市場が形成されるなど、リスクを引受ける金融市場と経済的仕組みが整備されていった。

　日本は関東大震災や第二次世界大戦により何度か経済・産業基盤が大きく損なわれたがその度に復興を遂げ、そして、戦後の1970年代から1980年代にかけて自動車、家電、鉄鋼、造船、半導体を始めとした多くの産業分野で世界をリードするまでになった。日本の経済発展を支え、発展していく過程で技術的優位が様々な分野で確立され、更なる発展に繋げる好循環が形成されていったが、その発展の背景には政府の産業振興支援政策と金融資本の保護、そして各企業の命運を賭けた取り組みがあった。

　日本が今後の国際的競争に勝ち残って豊かさを維持していくためには、新たな取り組みが必要となる。本書の中では、代表的な取組み課題として、太陽光、風力、地熱などの再生エネルギー、人工光合成、IT関連、ナノテクノロジー、などの技術開発、レアメタル、メタンハイドレートなどの海洋資源開発などの例を挙げた。それらの新しい技術やエネルギー、資源がこれからの社会生活と経済活動において重要な役割を担っていくことになる。

　原子力ビジネスにおいても、世界には依然として大きな需要がある。日本は福島第一原子力発電所事故を教訓に安全な建設・運転のための技術開発と廃炉

のための技術開発に取り組んでいかなければならない。また、福島原発事故で関心が高まったが、危険な場所での作業にはロボットが有効であり、重労働である介護分野でも利用拡大が期待されている。これまでは単純労働しかできなかったロボットに知能が加わることにより多くの仕事をロボットに代替させることが可能になる。そして、そこから生まれた余裕により更なる技術の進歩と産業市場の拡大を図ることができる。

　米国とロシアが先行し、中国が急速に追い上げている宇宙技術開発と進出競争においても、将来権益確保のために日本もこれまで以上に積極的に取り組んでいく必要がある。宇宙技術の研究開発には巨額の費用を要するのに対して、そこから得られる果実は未知数である。しかし、最先端技術の開発は様々な分野への応用が可能であり、多くの可能性を秘めている。また、医療分野においても次々と新しい技術開発が行われており、2012年に山中伸弥氏がノーベル生理学・医学賞を受賞して注目を集めたiPS細胞（人工多能性幹細胞）の実用化は、人が豊かな人生を送り、それにより豊かな社会を実現していく上で大きな意義があるが、日本が産業としての医療分野で世界をリードしていく上でも重要な鍵を握っている。

　他にも、鉄道技術、高速道路システム、浄水技術・海水の淡水化、上下水道システムなどの社会インフラを海外の国や地域の事情に合うように変更し、管理・運用システムを含めて輸出することについても、ライバル国・企業との競争に勝ち抜いていくためには、経済リスクの処理を含めて官民を挙げて積極的に取り組んでいかなければ道は開けない。

　資源を持たない日本にとって、技術的優位性は国家経済の存立に直結する問題である。また、日本は少子高齢化の進行により労働人口は減少傾向にあるにもかかわらず、リーマン・ショック以降、大学、高校の新卒者が就職難に直面している。産業の合理化、効率化が進む中で、新たな事業の創出ができなければ労働需要の減少が労働人口の自然減少を上回り、消費の冷え込みを引き起こすシステミック・リスクとなる。そして、雇用を生み出せなければ日本の少子高齢化は食い止められず、財政破綻するか、国民が社会保障や公共サービスを殆ど受けられない社会が到来することになる。言い換えれば、日本の将来は新しい資源の開発や技術開発により新たな事業と労働需要を創出し、グローバル経済の中で優位性を確立できるかどうかにかかっていると言っても過言ではな

い。

　しかしながら状況は厳しい。最先端技術の開発を巡って国際競争が激しさを増し、国家間競争の様相を見せている。

　日本では新規事業への取り組みと技術開発が基本的に民間資本に委ねられているにもかかわらず、高額投資に対する失敗のリスク、事業採算性が確保できないリスク、開発競争に後れを取った場合などの経済的損失リスクに対して受け皿がない。特に、大規模な事業や技術開発の場合、国家資本主義を背景に開発を行う海外企業や欧米の巨大資本との競争においてこの点が日本の企業弱点となる。

　また、日本政府は企業の研究開発に関する会計上の柔軟性の向上、優遇税制の適用にも慎重であるために、日本の民間資本は研究・開発面においても外国企業との競争上不利な状況に置かれている。日本の事業環境が足枷になって企業が高額の投資を伴う事業に二の足を踏んでいれば、海外のライバル達に先を越されることは必然の結果である。

　今日、我々がイマージング・リスクとするものは、本質的には数世紀前に人類が直面してきた投資リスクや事業リスクと変わらない。今日の問題は、リスクを数量的に評価することが難しい中で、必要投資額が民間資本と金融市場には過大であるということと、産業革命の時代とは異なり各国・各企業が激しく競っているということである。日本は優秀な人材を多く有し世界的にも高い技術開発力を誇るが、リスクの引受手なしに世界のライバルとの競争に臨むことなどできない。

　そのためには、規制緩和や法人減税、税制の特別措置など、技術開発と民間資本の積極的事業参入を促進するための改革を大胆に検討する必要がある。また、経済的リスクのボラティリティーの大きさと巨額性の問題から、リスクの受け皿については、保険市場を含む金融市場の対応力の拡充、デリバティブの開発による金融市場へのリスクヘッジ手段の開発、政府の拠出・信用供与による保険・再保険制度の創設、政府系金融機関と企業の拠出と運営による新たなファンドの創設など、受け皿の拡充のためにあらゆる選択肢と可能性を検討すべきである。

　本書の中で日本人の危機意識が足らないことについて度々触れたが、その表れが多くの分野で今も残る「岩盤規制」である。戦後の日本資本の育成と保護

を目的に導入された規制はその目的を十分に果たしてきたが、現在では多くの分野の既得権益を守るだけで、日本の産業と経済の発展に資すると思われる新たな資本や仕組みの導入に対しても堅固な城壁のように立ちはだかっている。薄い危機感では堅固な城壁を突破することなどできない。医薬品のネット販売、農産物の新たな流通ルートの導入、電力事業への参入の自由化と発電と送電の分離などで一部の規制緩和が行われているものの、緩和の範囲は限定的である。

　そうした中で、現行制度に不満や問題意識を持つ人達が考える規制緩和の方法が特区制度の利用である。特区は、地域産業の振興や国家戦略のために地域を指定して規制緩和と税制特例措置を導入し資源を集中する方法であるが、日本経済の中心である東京都や大阪府を始めとした大都市も経済特区や金融特区構想を進めている。「地方創生」が国の重要課題として叫ばれる中で、大都市に経済特区や金融特区を設けることは経済資源と金融資本の大都市集中を促進することにはなる。しかし、抜本的制度改革は難しいので、敢えて大都市も地方として指定してそこで規制緩和と税制特例措置を導入しようというものである。

　日本全体の危機意識が十分ではないが故の発想の一端であるとも言える。しかしながら、その特区においても規制緩和と税制特例措置の内容は必ずしも国際的に競争的な条件とはなっておらず、外国資本を日本に呼び込み、日本市場をアジアのハブ市場にし、再び世界的金融市場に戻すための金融特区などに目覚ましい進展は見られない。

　リスクを取らないことはリスクを回避することではなく、将来の得られるべき国益を損なう行為であることをよく認識すべきである。失敗のリスクがあるからと言ってライバル国の取り組みをただ眺めているのでは、日本の未来が開かれることはない。

　明治維新以降、日本は欧米先進諸国に追いつくために国を挙げて産業の育成を図り、先進諸国の仲間入りを果たした。かなり強引ではあったが、欧米列強に蹂躙された中国と朝鮮半島の状況を見ながら、失敗のリスクは政府と日本国民が存亡を賭けてすべてを背負った。

　戦後は、焼け野原の中から復興のために、精一杯の汗をかき知恵を絞り、死に物狂いで働いて、わが国を世界屈指の経済国へと押し上げようという強い意志で世界市場を切り開いた。そして、グローバル経済が発達し、先進技術の開

発や国際的競争事業に要する費用が巨額化した今日の経済社会においては、民間企業の投資リスクを引受ける経済的仕組みを制度面及び資金面の両面から早急に整備することにより初めて日本の将来を切り開くことができる。

　今何故リスクを取って前に進もうとしないのか。リスクの本質を意識し、それを正しく認識せずに、目の前のリスクを回避することにばかり囚われていると、その先にある未来の可能性を失ってしまう。本書で挙げた例を見れば、リスクを取らないために将来に亘って失うものは余りにも大きいことは理解されたものと思う。他方、グローバル経済が進展した今日、経済リスクを無視して突き進むのは無謀極まりない。であれば、何かあっても致命傷にはならないように備えればよい。巨大自然災害に対する国土強靭化と併せて、日本の将来への取り組みを支え、経済を強靭化するために、リスクを引受けるための体制を早急に整備する必要がある。

　私は、本書を通して日本はリスクを正しく認識し、リスクを取って前に進むべきであると述べてきた。そして、本書の最後に、実は日本は投資リスクを引受ける経済的仕組みを世界で最初に作った国であることを紹介して筆を置く。

　大坂の堂島米市場（後、明治時代に堂島米会所となる）は、1730年に幕府公認として組織・整備された差金決済も取り扱う世界最初の公認先物取引市場である。残念ながら、時として過剰投機を煽ることがあり、それが1918年には米騒動を引き起こす原因となり、1939年の米穀配給統制法の施行により堂島米会所は幕を閉じた。金融先物やデリバティブは、今日においても本来の目的であるリスクの平準化からマネーゲームに走って金融危機を招くことがしばしばあるが、堂島米会所も同様の問題を解決することはできずに閉鎖されたのである。しかしながら、今日ではリスクを直視し、それをコントロールしようとしない日本に、かつて世界に先駆けて投資リスクをヘッジする近代的な経済的仕組みが誕生していたことは、興味深い事実である。

あとがき

　前作『最後のリスク引受人2:日本経済安全保障の切り札』を上梓したのが2013年1月で、それ以降、共著者として一部を執筆担当することはあったが、単独での本の出版は久しぶりとなる。

　実は、本書の構想を固めたのは前著を上梓したすぐ後の2013年春頃であり、書き上げるまでに2年を要した。再保険の実務が私の本業であり、週末しか執筆活動に纏まった時間を割けないこともあるが、日本と日本企業が克服していかなければならない課題を網羅的に取り上げたため、準備に時間を要した。また、地政学リスクや経済の状況が目まぐるしく変化するために書いた内容を何度も変更せざるを得なかった。

　そのため、昨年7月に書き上げた原稿を一旦取り下げ、かなりの部分を書き直すことにした。この1年ほどの間に、世界が地政学、経済情勢、環境、社会、テクノロジーのどのリスクをとっても劇的に変化している中での判断ではあったが、本書の上梓は当初の予定から1年近く遅れることとなってしまった。

　校正・編集作業を終えようとしているが、最初に本書の構想を考え始めたときから持ち続けている問題意識は、人類が経済の豊かさと便利さを追求するあまりに互いに争い、地球環境の悪化を招き、さらに不都合な現実には目をつぶる身勝手な姿勢である。加えて、日本では、少子高齢化が進む中で財政を借金漬けにして次世代に付けを回し、国土・エネルギー・食料の安全保障に打つべき手を打たないために日本の未来を危うくしている。

　また、東日本大震災を経験し、国土強靱化が叫ばれているが、防災・減災についての取り組みは進められているものの、将来の巨大災害に対する経済的備えについては殆ど手付かずである。災害により大きな経済被害は発生しても政府の大規模な財政出動は期待できないにも拘らず、自主再生力を高めるための手段を講じている企業は少ない。

　現状を変えようとすると必ず反対勢力が出てくる。既得権益を失うため、あるいは失敗するリスクを考えてのことであろうが、損失のリスクがあるとしても将来のために現状を変えなければならないことがある。ところが、日本人の危機感は概して薄く、このままでは日本丸は座礁してしまうことは必定である。

　本書で拾い上げた課題はいずれも早急な対応を必要とするものである。改善

策として私の考えを述べたが、具体的内容や筋道までは示せていない。また、幾つかの課題については、リスクの脅威について国民の認識を高め、改善の必要性について意識を高める必要があることを述べるに止まっている。重要なことは、改善策について具体的に検討・実施するためには社会的機運の高まりが不可欠であるということである。

　今回も前著同様に元シンガポール大使の橋本宏氏、元三井住友海上火災保険会社特別顧問の滝健氏に頻繁に意見交換をお願いし、本書がカバーする内容の全般について様々な貴重なアドバイスを頂いた。また、今回は国内外の保険・再保険関係者のみならず、産業界の方々、ERMの専門家などともお話しさせていただいた。ご意見・説明を咀嚼したつもりではあるが、内容に不十分な部分がある場合にはご指摘頂き、今後の参考とさせていただきたい。

　第4章では東北大学経済学研究科准教授西山慎一氏が中心になって行った調査内容を引用させていただいた。西山氏とは『自然災害リスク研究会（PwC総合研究所が主催）』で一緒させていただいた他、2014年2月1日に東日本放送のテレビ番組『東北ビジネス最前線』で、仙台市まちづくり政策局企画部長の天野元氏、東日本放送元会長（現在：東北再生経済研究所代表）の伊藤裕造氏とともに一緒させていただいた。そうした縁で皆さんから東日本大震災の教訓について貴重なお話を聞かせていただいた。

　そして、これまでと同様に今回も大西華子氏と保険毎日新聞社の内田弘毅氏に編集の労を執っていただいた。今回は一旦渡した原稿を差し替えるなど多大な迷惑をかけたが、辛抱強く細部に亘り助言とサポートを頂き、深くお礼申し上げたい。また、ジェン・リーの私のアシスタントの渥美支奈子氏には業務時間外に資料作成を手伝ってもらった。

　こうして沢山の皆様の協力を頂いて一冊の本にすることができた。本書がリスクの本質を正しく理解することと日本の将来のために何をすべきか、ということについて考えてもらうきっかけになれば幸いである。

2015年7月

石井　隆

【著者略歴】

石井　隆（いしい　たかし）

1981年4月 東亜火災海上保険(株)、現在のトーア再保険(株)入社
2000年1月 Danish Re、現在の Markel International 入社
2001年5月 Gen Re 入社

【著作】

「最後のリスク引受人 - 知られざる再保険」（2011年5月　保険毎日新聞社）
「最後のリスク引受人2　日本経済安全保障の切り札 - 巨大自然災害と再保険」（2013年1月　保険毎日新聞社）
「銀行窓口の法務対策4500講Ⅰ」共著（2013年6月　金融財政事情研究会〈きんざい〉）

【新聞連載】

経済メカニズムの変化と再保険 - 世界の経済地図と金融、資本市場が大きく変化する中での再保険（2008年6月～7月　保険毎日新聞）
ポスト金融危機の再保険 問い直される再保険キャパシティーの意味と資本（2010年1月－3月　保険毎日新聞）

【セミナー、テレビ出演】

2012年3月1日　日本銀行　金融高度化セミナー「東日本大震災を踏まえた今後の業務継続体制」
2014年6月20日　日本価値創造ERM学会　研究会「世界の再保険市場の動向と日本の現状」2014年2月1日放送　KHB東日本放送　東北ビジネス最前線『『想定外』とは言わせない！　企業のリスク管理を考える」
2015年7月10日　関西大学特別講義「日本の保険市場と国際再保険市場」

書名　リスクの本質と日本人の意識　リスクを意識しないリスク

初版年月日　2015年8月8日

著者	石井　隆
発行所	㈱保険毎日新聞社
	〒101-0032 東京都千代田区岩本町1－4－7
	TEL03-3865-1401／FAX03-3865-1431
	URL http://www.homai.co.jp
発行人	真鍋　幸充
編集	内田　弘毅
編集協力	大西　華子
カバーデザイン	森山　漸
印刷・製本	株式会社オリーブグリーン

ISBN　978-4-89293-263-2 C2033
© Takashi Ishii (2015)
Printed in Japan

本書の内容を無断で転記、転載することを禁じます。
乱丁・落丁はお取り替えいたします。